GOLF

GOLF

Neue Wege zum erfolgreichen Spiel

von Oliver Heuler

FALKEN

INHALT

VORWORT 6

EINLEITUNG 8

Warum ist Golf schwierig? 9

Neue Wege im Golf? 9

Ist der Golfschwung individuell? 11

Wie läßt sich dieses Buch optimal nutzen? 12

VORAUSSETZUNGEN FÜR DEN SCHLAG 14

Griff 16
Funktionen des Griffes 16
Griff im Detail 17
Vollständiger Griff 22

Haltung und Stand 27
Haltung 27
Stand 32

Schlagvorbereitung 36
Zielen 36
Ausrichten 38
Auslösen 39

DER SCHWUNG 40

Vier Grundbewegungen 42
Drehen des Körpers 43
Abwinkeln der Handgelenke 43
Rotation der Unterarme 43
Lösen der Arme vom Körper 44

Ausholbewegung 46
Abschnitt 1 46
Abschnitt 2 47
Abschnitt 3 48
Abschnitt 4 49

Abschwung 54
Abschnitt 5 54
Abschnitt 6 56
Abschnitt 7 56

Durchschwung 58
Abschnitt 8 60
Abschnitt 9 60
Abschnitt 10 60

Erlernen des Schwunges 62
Prinzip der Übertreibung 63

FEHLER UND KORREKTUREN 64

Treffmomentfaktoren 66
Treffen des Balles mit dem Sweet Spot des Schlägers 66
Schlägerkopfgeschwindigkeit im Treffmoment 68
Stellung der Schlagfläche im Treffmoment 68
Horizontaler Eintreffwinkel 68
Vertikaler Eintreffwinkel 70
Schläger-Lie im Treffmoment 70

Ursachen für Abweichungen 72
Treffen mit der Hacke oder der Spitze 72
Zu niedrige oder zu hohe Schlägerkopfgeschwindigkeit 72
Verkantetes Schlägerblatt 74
Eintreffen des Schlägers von innen oder außen 76
Zu steiles oder zu flaches Eintreffen des Schlägers 78
Zu flacher oder zu steiler Lie im Treffmoment 79

Ballfluggesetze 80

Divot 83

Häufige Fehlschläge 84
Slice 84
Hook 84
Toppen 84
Fette Schläge 86
Unterschlagen von Hölzern 86
Pull 86
Push 87
Socket oder Shank 87
Treffen mit der Spitze 88
Zu wenig Länge 88
Inkonstanz 89

DAS KURZE SPIEL 94

Putten 98
Wissenschaft auf den Grüns 98
Treffmomentfaktoren 102
Technik 108
Putt-Training 113

Chippen 118
Standard-Chip 119
Putt-Chip 122

Pitchen 124
Standard-Pitch 124
Kurzer Pitch 127

Bunkerschläge 128
Standard-Bunkerschlag 130
Eingebohrte Lage 132
Langer Explosionsschlag 133

ANHANG 134

Funktionelles Aufwärmen 136

Bibliographie 139

Glossar 140

Register 142

VORWORT

Vor fünf Jahren lernte ich Oliver Heuler bei einem meiner Golfseminare in Hamburg kennen. Er begeisterte mich sogleich durch seinen ungeheuren Wissensdurst: Insbesondere, was die Golftechnik betraf, überschüttete er mich mit präzisen Detailfragen. Schon damals beherrschte er einen hervorragenden Golfschwung, den er sich durch das Studium vieler Bücher und durch die praktische Überprüfung aller möglichen Methoden und Theorien angeeignet hatte. Zwar war diese analytische Vorgehensweise seiner Karriere als Spieler nicht sehr förderlich; ein Golflehrer jedoch sollte über ein umfassendes Wissen verfügen, um es dann seinen Schülern einfach und dennoch effektiv vermitteln zu können.

Von Anfang an nutzte Oliver die Videokamera für sich, wodurch ihm im Vergleich zu Golflehrern früherer Generationen eine erheblich schnellere Entwicklung möglich war. Das vorliegende Buch ist eine erstaunliche Leistung für einen so jungen Lehrer. Unterstützt von exzellenten Fotos und Zeichnungen vermittelt es Ihnen leicht verständlich die neuesten Erkenntnisse zum Schwung, zum Putten, zu den Annäherungsschlägen und zum Bunkerspiel.

Ich wünsche Ihnen beim Lesen viel Spaß und hoffe, daß dadurch Ihr Training und Ihr Spiel noch erfolgreicher werden.

Ihr

Denis Pugh

Teaching Director der David Leadbetter Golfakademie Quiet Waters, Essex, England

EINLEITUNG

Warum ist Golf schwierig?

Von wenigen Ausnahmen abgesehen, fällt uns allen das Golfspielen sehr schwer. Kann es sein, daß wir alle kein Talent besitzen oder es uns an der nötigen Intelligenz fehlt? Ich glaube nicht. Es liegt primär an der Schwierigkeit der Aufgabe: Ein kleiner Ball muß mit einem kleinen Schlägerkopf mit großer Geschwindigkeit genau an der richtigen Stelle getroffen werden. Erschwerend kommt hinzu, daß der Ball nicht nur sehr weit, sondern auch sehr genau geschlagen werden muß. So darf zum Beispiel bei einem Abschlag mit dem Holz das Schlägerblatt nicht mehr als 1° verkantet sein, damit der Ball das Fairway trifft. Dies ist aber noch nicht alles; beim Golf muß das nicht nur einmal bei drei Versuchen klappen (wie bei etlichen anderen Sportarten), sondern über 70mal in einer Runde.

Natürlich gibt es auch noch andere technisch schwierige Disziplinen, wie etwa Stabhochspringen, Free-Climbing, Surfen oder Skispringen. Sie werden in der Regel aber nur von sportlich talentierten und jungen Menschen ausgeübt. Beim Golf ist das anders: Da fast jeder Golf spielen und man sich bei Fehlversuchen kaum verletzen kann, steht dieser Sport auch bei motorisch weniger Begabten und sportlich Unerfahrenen zunehmend hoch im Kurs. Und gerade weil das Golfspielen so schwierig ist, macht es so viel Spaß, denn wenn uns nach kurzem Üben alles gelänge, würde das Spiel schnell langweilig. Viele machen jedoch den Fehler, sich mit Golfern zu vergleichen, die von vorneherein bessere Voraussetzungen mitbringen – und das führt nur zu unnötigen Entmutigungen. Ein weiterer Grund für etwaige Frustrationen liegt darin, daß es sich beim Golf nicht um natürliche Bewegungen wie zum Beispiel beim Gehen oder Laufen handelt. Wir können uns deshalb nicht auf unseren Instinkt verlassen. Im Gegenteil: Instinktive Reaktionen sind bei diesem Sport meist falsch. Kurvt der Ball zum Beispiel nach rechts, schwingen wir automatisch weiter nach links. Wie wir sehen werden, wird das Problem hierdurch aber nicht gelöst, sondern sogar noch verstärkt.

Im Golf führt ein Fehler meist zu weiteren Fehlern. Wenn man nicht dagegen angeht, besteht der Schwung bald aus einer endlosen Folge von Fehlern und Ausgleichsbewegungen, und man wird nie die angestrebte Regelmäßigkeit erreichen. Um diesem Dilemma zu entgehen, sollte der Anfänger systematisch einen richtigen Golfschwung erlernen und der Fortgeschrittene die Ursachen eines fehlerhaften Bewegungsablaufes beseitigen.

Der Golfschwung von Nick Faldo kommt der perfekten Bewegung – die es nie geben wird – schon sehr nahe. Das Resultat sind beständige lange Schläge auch unter größtem Druck

Neue Wege im Golf?

Die Suche nach dem perfekten Schwung ist so alt wie das Golfspiel selbst. Die Wege dorthin sind in den letzten Jahren jedoch erheblich leichter geworden. Dies hat unter anderem folgende Gründe:

- Sportwissenschaftler, die Golf lange Zeit für ein langweiliges Gesellschaftsspiel älterer Millionäre hielten, haben jetzt ihre Forschungen auch auf diese Sportart ausgedehnt.

Der Engländer Nick Faldo ist das Vorbild für alle Golfer, die ihren Golfschwung verbessern wollen. Trotz beachtlicher Erfolge – er gewann bis dahin viele Turniere der europäischen Tour – entschloß er sich 1985, seinen Schwung komplett zu verändern ...

... Er wußte, daß er sein Ziel, die Nummer eins in der Welt zu werden, nur erreichen konnte, wenn er einen neutralen Schwung erlernen würde, der unter allen Bedingungen zuverlässige Schläge ermöglicht. Das Ergebnis gab ihm recht: ...

- Mit modernen Videokameras können auch die Fehler, die mit bloßem Auge nicht zu erkennen sind, in Standbildern analysiert werden.
- Golflehrer verfügen heutzutage aufgrund einer qualifizierteren Ausbildung und eines weltweit regen Gedankenaustauschs über ein komplexeres Fachwissen.

Die dadurch gewonnenen Ergebnisse haben dazu beigetragen, die teilweise äußerst komplizierten Bewegungsabläufe besser zu verstehen, und neue Erkenntnisse haben so manche bis dahin gültige Theorie ad absurdum geführt.

Nicht wenige sogenannte Faustregeln von Golflehrern vorheriger Generationen, die das Spiel vereinfachen sollten, haben es nachweislich eher erschwert.

In meinem Unterricht werde ich immer wieder mit Golfspielern konfrontiert, die von mir den einen, entscheidenden Tip erwarten, der ihr Spiel von einem Moment auf den anderen perfekt werden läßt. Ein guter Schwung kann jedoch weder in einer Woche erlernt noch durch einen „Tip" erreicht werden. Die Zeit, die Sie benötigen, um einen korrekten Schwung zu erlernen, bestimmen Sie zum größten Teil allein durch die Intensität und Qualität Ihres Übens.

Sie müssen sich aber von vorneherein darüber im klaren sein, daß es Perfektion beim Golf nicht gibt. Nach eigenen Aussagen führen selbst die besten Tourspieler selten mehr

als 15% ihrer Schläge perfekt aus. Von der optimalen Runde – 32 Schläge wären auf einem Par-72-Platz theoretisch möglich – sind wir meilenweit entfernt. Die beste Runde, die bis heute in einem Turnier gespielt wurde, war eine 59.

Lassen Sie mich noch einmal auf den Tip, das Geheimnis zu einem erfolgreichen Golfspiel zurückkommen. Wenn es das überhaupt gibt, dann kann es beim Erlernen des vollen Schwungs nur so lauten:
Das Schlägerblatt muß den Ball wiederholbar mit hoher Geschwindigkeit mit dem Sweet Spot treffen, wobei es in Richtung Ziel zeigt und schwingt.
Das ist natürlich nichts Neues, doch der Weg, dieses Ziel zu erreichen, hat sich geändert. Man wird es jedoch nicht dadurch erreichen, daß man seine Zeit damit vergeudet, auf der Suche nach vermeintlichen Geheimnissen verbissen einen Ball nach dem anderen von der Driving-Range zu prügeln.
Es gibt nur einen richtigen Weg: Man muß herausfinden, wie der tatsächliche Treffmoment vom optimalen abweicht, um erkennen zu können, was im Bewegungsablauf dafür verantwortlich ist.
Den Treffmoment kann man anhand des Ballfluges untersuchen (siehe hierzu „Ballfluggesetze“, S. 80 f.). Beim Analysieren einer Bewegung gilt es natürlich auch, zwischen Ursache und Wirkung zu unterscheiden. Einem Golfspieler ist nicht geholfen, wenn man ihm beispielsweise sagt, daß er im Treffmoment den Kopf anhebt. Wenn sein Schläger zu steil in den Ball kommt, ist er gut beraten, durch den Ball hindurch größer zu werden, wenn er sich nicht durch tiefe Divots seine Handgelenke brechen will. Aber auch der zu steile Schläger ist meist nur die Reaktion auf ein offenes Schlägerblatt (wer seinen Ball nicht dauernd im rechten Rough suchen will, schwingt bei einem nach rechts verkanteten Schlägerblatt instinktiv nach links, was zu einem steilen Eintreffen des Schlägers führt).
Erst wenn man die Ursache für eine fehlerhafte Technik erkannt und beseitigt hat, wird man die wahre Freude am Golf entdecken.

...Nach zweijähriger Erfolgslosigkeit meldete er sich mit spektakulären Turniersiegen bei den Spanish und British Open auf der Tour zurück. Seit dieser Zeit spielt er auf höchstem Niveau und zählt schon heute zu den erfolgreichsten Spielern der Golfgeschichte

Ist der Golfschwung individuell?

Natürlich kann man auf sehr verschiedene Weise erfolgreich Golf spielen. Die Tourspieler, die alle mit unterschiedlichster Technik spielen, stellen dies immer wieder unter Beweis. Abgesehen davon gibt es eine physikalisch optimale Bewegung: So muß sich zum Beispiel der Schläger während des Schwunges auf einer bestimmten Ebene befinden, und der Körper muß sich in der Haltung, die er zu Beginn des Schwunges hatte, um die Wirbelsäule drehen. Unterschiedliche anatomische Voraussetzungen lassen diesen Schwung jedoch verschieden erscheinen. Deshalb werden in diesem Buch keine absoluten Größen angegeben, sondern immer relative. Es wäre zum Beispiel wenig hilfreich, die Standbreite in Zentimetern anzugeben. Die relative Angabe lautet deshalb „schulterbreit“. Wenn auch das Ziel für alle das gleiche ist, so kann der Weg dahin mitunter sehr unterschiedlich sein.

Hat ein Golfspieler beispielsweise seine Hände zu weit rechts am Schläger, so muß er sie, um einen „neutralen“ Griff (siehe hierzu S. 18 f. und Glossar) zu erreichen, weiter nach links drehen. Befinden sich die Hände eines anderen zu weit links am Schläger, muß dieser genau das Gegenteil tun, um zum gleichen Ziel, dem neutralen Griff, zu gelangen.

Wenn nun aber Golfer, deren Spiel allen „Golf-Gesetzen“ zu widersprechen scheint, trotzdem erstaunliche Leistungen erzielen, so zeigt dies, daß es noch andere Gründe geben muß, die für die Qualität des Bälleschlagens verantwortlich sind. Es sind im wesentlichen drei Faktoren:

- Talent,
- Technik,
- Training.

Ein Golfer, der seine Erfolge hauptsächlich hartem Training verdankt, ist Bernhard Langer. Nach einigen spielerischen Tiefs gehört er heute zu den psychisch stärksten und taktisch ausgereiftesten Golf-Professionals der Welt

Gute Golfspieler liegen meist bei zwei der drei Faktoren über dem Durchschnitt. Für die absoluten Spitzenspieler trifft dies in der Regel für alle drei Bereiche zu. Ein Hobbygolfer, der weniger Begabung mitbringt, muß sich daher viel intensiver um das Erlernen einer korrekten Technik bemühen als ein Profi, da dieser meist so viel Bewegungs- und Ballgefühl mitbringt, daß er etwaige technische Unzulänglichkeiten ausgleichen kann.

Wie läßt sich dieses Buch optimal nutzen?

Der Anfänger sollte das Buch systematisch von vorne nach hinten durcharbeiten, während der fortgeschrittene Spieler sich entscheiden muß, ob er von Grund auf neu beginnt, das heißt, ohne Rücksicht auf den Ballflug alle Teile der Vorbereitung (Griff, Haltung, Stand, Schlagvorbereitung) und des Schwunges überprüft und bei Abweichungen ändert, oder ob er nur den Ballflug mit so wenigen Änderungen wie möglich verbessern will. Das Neuerlernen erfordert viel Zeit und Geduld, bringt aber letztendlich die besten, vor allem beständigsten Lernerfolge. Das Analysieren und Ändern des Notwendigsten ist sehr schwierig, führt mitunter aber zu sehr schnellen Ergebnisverbesserungen. Hierbei muß der Golfer seinen Ballflug genau analysieren können und dann mit Hilfe von Kapitel „Fehler und Korrekturen“ herausfinden, wo die Ursachen seiner Fehler liegen. Anhand der Beschreibungen der korrekten Technik im Buch kann er dann die Veränderungen durchführen.

Eine Verbindung beider Vorgehensweisen wäre die konsequente Hinarbeit auf eine korrekte Technik, wobei sich aber die Reihenfolge der Fehlerkorrektur am Ballflug ori-

entiert. Es werden also jeweils zuerst die Veränderungen vorgenommen, die den Ballflug verbessern.
Das Kapitel „Das kurze Spiel" kann unabhängig vom langen Spiel durchgearbeitet werden und bietet sich vor allen Dingen für die Golfer an, denen eine Schwungveränderung zu riskant ist. Eine Verbesserung kann hier relativ „risikolos" erreicht werden.
Ein guter Golfschwung alleine macht aber noch lange keinen guten Golfspieler aus. Die Platzstrategie ist zu einem erheblichen Teil dafür verantwortlich, ob der Score bei ein und denselben langen Schlägen gut, durchschnittlich oder sogar katastrophal wird. Eine gründliche Behandlung dieses Themas würde aber den Rahmen dieses Buches sprengen.
Sollten Sie zur Gruppe der Linkshänder gehören, so müssen Sie alle Begriffe, die sich auf den Golfschwung beziehen, umdrehen. Ein nach rechts verkantetes Schlägerblatt ist für Sie dann ein nach links verkantetes etc. Wenn Sie die für Sie seitenverkehrten Bilder stören, können Sie einen kleinen Trick anwenden, den ich auch immer benutze, wenn ich mir ein kompliziertes Problem eines Linkshänders auf dem Monitor ansehe: Halten Sie einen Spiegel ungefähr senkrecht vor das Buch, und betrachten Sie die Bilder im Spiegel.
Es ist im Grunde nicht schwieriger, den Schwung eines Linkshänders zu analysieren, doch da er selten vorkommt, braucht man als Lehrer immer einige Zeit, bis man sich „eingesehen" hat. Meiner Ansicht nach gibt es viel zu wenige Golfer, die linkshändig spielen. Der Anteil der Linkshänder insgesamt beträgt circa 5 Prozent; bei den Golfern sind es weniger als 1 Prozent. Zum einen hängt dies sicher damit zusammen, daß früher Golfschläger für Linkshänder nur schwer verfügbar waren. Golflehrer sind an dieser Tatsache aber auch nicht ganz unbeteiligt. Eine bis heute weit verbreitete Theorie besagt, daß man als Rechtshänder Golf überwiegend mit der linken Körperseite spielen sollte. Dies bedeutet, daß beim Schwung die linke Hand, der linke Arm und der linke Teil des Ober- und Unterkörpers stärker eingesetzt werden sollen als die entsprechenden rechten Körperteile. Daraus folgerte man, daß es doch ideal sei, wenn Linkshänder wie Rechtshänder spielen würden, denn ihre „starke" linke Seite sei ja die koordinativ besser ausgebildete. Somit bekamen alle Linkshänder „normale" Schläger, das heißt Schläger für Rechtshänder. (Nach dieser „Logik" müßten jedoch alle Rechtshänder Schläger für Linkshänder benutzen.) Linkshänder müssen jedoch, wenn sie rechtsherum schwingen, die kompliziertere Bewegung mit ihrer „schwächeren" rechten Seite machen: Der rechte Arm wird bei der Aushol- und bei der Abschwungbewegung angewinkelt, während der linke seine Länge in der gleichen Phase beibehält. Ebenso muß die rechte Hand, da sie unter der linken Hand am Schlägergriff liegt, einen weiteren Weg gehen. Daher sollten Linkshänder entgegen dieser Theorie Schläger für Linkshänder benutzen und umgekehrt.
Die Leser, die eigentlich auf der „falschen" Seite des Balles stehen, sollten nun aber nicht gleich ihre Schläger verkaufen, denn nach meiner Erfahrung ist der Unterschied nicht so gravierend, wie allgemein geglaubt wird. Um das besser nachvollziehen zu können, habe ich selbst einige Zeit lang linksherum gespielt. In der Anfangsphase fühlte ich mich zwar sehr ungeschickt, nach kurzer Trainingszeit habe ich jedoch festgestellt, daß die Unterschiede gar nicht so groß sind und meine Spielergebnisse relativ schnell befriedigend waren.
Ich rate daher Anfängern, auf jeden Fall ihre „natürliche" Seite zu benutzen, und Fortgeschrittenen, nur dann zu wechseln, wenn sie extreme Probleme auf ihrer „falschen" Seite haben.

Wenn Sie als Linkshänder mit dem Golfspielen beginnen, sollten Sie unbedingt Schläger für Linkshänder benutzen und „linksherum" schwingen. Dem Fortgeschrittenen ist das „Umstellen" aber nur bei extremen Problemen zu empfehlen

Um diesen von Gary Player gebauten Platz in Südafrikas Sun City erfolgreich zu spielen, bedarf es sehr langer Schläge: Der Platz mißt 7033 Meter bei Par 76!

VORAUSSETZUNGEN FÜR DEN SCHLAG

Griff

Das Aneignen des richtigen Griffes ist vor allem eine Frage der Geduld. Natürlich kann man von einem Wochenend-Golfer nicht erwarten, daß er einen Golfschwung erlernt, der dem eines Tourspielers gleicht – aber warum keinen gleichwertigen Griff?

Viele Spieler versäumen es, von Anfang an einen richtigen Griff zu erlernen, da ihnen dies unwichtig erscheint. Sie kümmern sich hauptsächlich um den Schwung, da sie etwaige Fehler nur hier vermuten. Ein verkehrter Griff wird jedoch immer einen fehlerhaften Schwung zur Folge haben. Ein korrekter Griff ist also die Voraussetzung für einen guten Schwung.

Wenn Sie als fortgeschrittener Golfer den beschriebenen Griff anwenden wollen, sollten Sie sich nicht an dem anfänglich fremden Gefühl stören. Auch ein besserer Griff fühlt sich zu Anfang schlechter an. Haben Sie also Geduld, und bleiben Sie konsequent. Nach kurzer Zeit wird es Ihnen so vorkommen, als hätten sie Ihren Schläger nie anders gegriffen.

Der Schläger verläuft quer über den Handteller der linken Hand

Funktionen des Griffes

Die Hauptaufgabe eines korrekten Griffes liegt darin, den Schlägerkopf gerade an den Ball zu bringen. Um zu verstehen, warum der Griff das Schlägerblatt kontrolliert, muß man wissen, daß die Hände aufgrund der großen Geschwindigkeit während des Schwunges im Treffmoment immer in eine natürliche Haltung, das heißt in eine Haltung ohne große Verdrehungen kommen. Greifen Sie den Schläger zum Beispiel beim Ansetzen zu weit links oder rechts und stellen dann den Schlägerkopf gerade hinter den Ball, so werden die Hände während des anschließenden Schwunges in eine natürliche Haltung zurückkehren, und das Schlägerblatt im Treffmoment nach rechts beziehungsweise links verdreht an den Ball bringen. Der Ball wird daraufhin in eine verkehrte Richtung starten, und durch den ihm zusätzlich verliehenen Seitwärtsdrall weiter abdrehen.

Ein korrekter Griff ermöglicht auch ein problemloses Abwinkeln der Handgelenke zur Daumenseite (Radialflexion), was eine höhere Geschwindigkeit des Schlägerkopfes nach sich zieht. Wenn Sie Ihren Oberkörper, wie in der Golfhaltung, leicht nach vorne beugen und die Arme ganz entspannt herunterhängen lassen, werden Sie feststellen, daß die Handrücken – würde man die oberen Handkanten vorne zusammenführen – ungefähr einen rechten Winkel miteinander bilden. Eine häufig beschriebene Griffhaltung, bei der die beiden Handrücken parallel zueinander am Schläger liegen, ist deshalb unphysiologisch und beeinträchtigt das Abwinkeln der Handgelenke erheblich. Bei einem korrekten Griff bilden die Handrücken einen Winkel von etwa 30° miteinander.

Da bei einem verkehrten Treffen des Balles oder einem zu starken Eindringen des Schlägers in den Boden mitunter erhebliche Stöße vom Schläger auf die Arme übertra-

Der Schläger wird bei herunterhängendem linken Arm in die Finger fallen gelassen

gen werden, soll der richtige Griff diese Schläge soweit wie möglich absorbieren. Liegt der Schlägergriff zu sehr in den Handflächen der beiden Hände, so überträgt sich die Kraft häufig ungedämpft auf die Ellbogen, wodurch ein „Golfarm" entstehen kann. Eine Griffhaltung, bei der der Schlägergriff mehr in den Fingern liegt, beugt dem vor.
Wie Sie sehen, ist der Griff maßgeblich für die Richtung und Länge Ihrer Schläge sowie für ein verletzungsfreies Golfspielen verantwortlich.

Griff im Detail

Zunächst möchte ich darauf hinweisen, daß es nicht den richtigen Griff für alle gibt. Es existiert zwar ein Grundkonzept, an das sich alle Golfer halten sollten, jedoch kann der Griff in zwei Details dem jeweiligen Spieler angepaßt werden. Zum einen muß die Drehung der Hände am Schläger vom Ballflug abhängig gemacht werden (ein chronischer „Slicer" darf den Schläger nicht genauso greifen wie ein „Hooker"), zum anderen ist die Stellung des kleinen Fingers der rechten Hand abhängig von der Handgröße des Golfers. Beide Details werden in diesem Kapitel noch genauer besprochen. Der Griff darf jedoch nicht von Schläger zu Schläger geändert werden. Ausgenommen beim Putten sowie beim Putt-Chip werden alle Schläger gleich gegriffen.
In der *linken Hand* verläuft der Schläger diagonal über den Handteller, so daß er am untersten Berührungspunkt das erste Glied des Zeigefingers kreuzt und am oberen Ende direkt unter dem Handballen liegt. Um den Schläger sicher in diese Stellung zu bringen, lassen Sie den linken Arm ganz entspannt an der linken Seite herunterhängen, krümmen die Finger und lassen dann den Schläger in die Finger fallen. Hierbei liegen dann der Hand- und Daumenballen sowie der Daumen automatisch oben auf dem Griff. Der Schläger wird zwischen Handballen,

Daumenballen und Daumen von oben und den Fingern von unten eingeklemmt und so umfaßt, daß die Kappe des Griffes (manchmal findet man auch einen Ring um den letzten Zentimeter des Griffes) noch zu sehen ist.

Der Daumen wird leicht rechts von der Mitte auf die Oberseite des Schlägergriffes gelegt. Die richtige „Länge“ des Daumens läßt sich finden, indem Sie ihn zunächst so weit wie möglich ausstrecken und sich die Stelle, bis zu der der Daumen reicht, merken. Danach führen Sie ihn soweit wie möglich zurück und merken sich auch diese Stelle. Die optimale Position des Daumens liegt genau zwischen diesen beiden Punkten. Durch diese Position wird dafür gesorgt, daß der Schläger nicht zu weit zurückschwingen kann, denn je „kürzer“ der Daumen auf dem Schlägergriff liegt, desto stärker wird das Ausholen eingeschränkt.

Wird der Schläger nun mit der linken Hand genau mittig vor den Körper gehalten, sind die Knöchel des Zeige- und Mittelfingers bei einem neutralen Griff gut zu sehen. Das aus Daumen und oberer Handkante (Verlängerung des linken Zeigefingers) gebildete „V“ zeigt etwa auf die Mitte des rechten Schlüsselbeins. Sind nun mehr oder weniger Knöchel zu sehen, so ist Ihre Hand zu sehr nach rechts beziehungsweise nach links gedreht. Außerdem darf aus dieser Perspektive über die gesamte Handlänge nichts mehr vom Schlägergriff zu sehen sein, denn sonst ist entweder die Hand zu weit nach links verdreht, oder der Kleinfingerballen liegt nicht auf, sondern links neben dem Griff. Der Schlägergriff befindet sich dann zwischen Kleinfinger- und Daumenballen statt unter beiden. Das Abwinkeln der Handgelenke wird hierdurch extrem erschwert, und die Hand ist hierbei meist zu weit nach links verdreht, was einen Slice verursachen kann. Dieser Griffehler ist der häufigste.

Um die *rechte Hand* an den Schläger zu legen, halten Sie den Schläger mit der linken Hand vor die Mitte des Körpers. Nun legen Sie als erstes Mittel- und Ringfinger mit dem ersten Glied von unten an den Punkt des Griffes, der sich auf der gegenüberliegenden Seite des linken Daumens befindet.

Sobald Sie diese beiden Finger geschlossen haben, berühren ihre Spitzen den linken Daumen an dessen linker Seite.

Mittel- und Ringfinger der rechten Hand werden von unten an den Griff gelegt

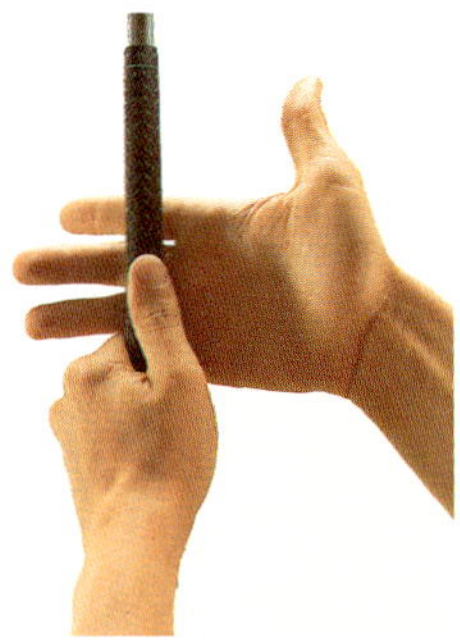

Bei einem neutralen Griff kann man die Knöchel von Zeige- und Mittelfinger sehen (u. M.). Die Spitzen des rechten Mittel- und Ringfingers berühren den linken Daumen an dessen linker Seite (u. r.)

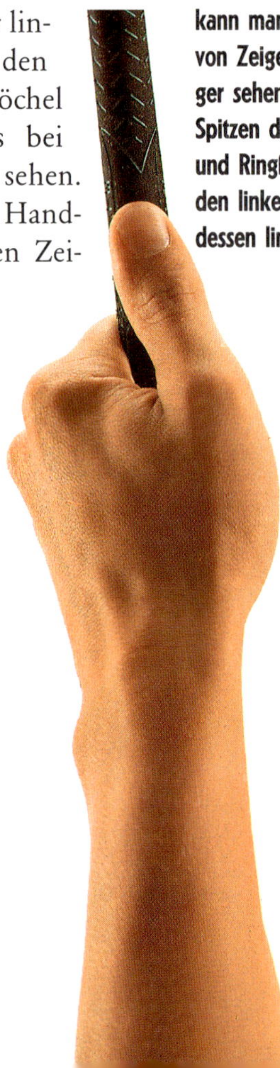

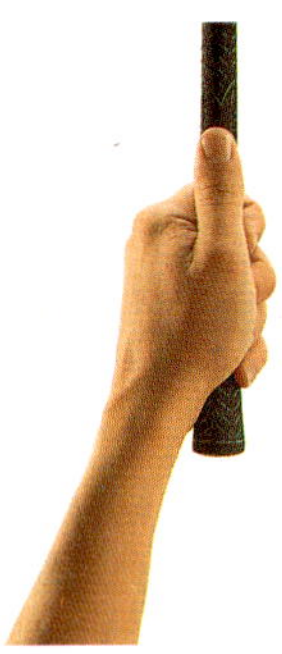

Einer der häufigsten Fehler: Der linke Daumenballen liegt links von der Oberseite des Griffes

PGA West in Kalifornien ist ein Musterbeispiel für einen „Pete-Dye-Platz" und das Spiel auf diesem für jeden Golfer ein denkwürdiges Ereignis. Die spektakuläre Gestaltung seiner Plätze hat Paul („Pete") Dye zu einem der bekanntesten Golfplatz-Architekten der Welt gemacht

Der rechte kleine Finger wird beim Overlapping-Griff in den Spalt zwischen Zeige- und Mittelfinger der linken Hand gelegt. Anschließend wird der Handteller der rechten Hand so über den linken Daumen gelegt, daß der rechte Daumenballen auf der linken Oberseite des linken Daumens ruht. Der Kleinfingerballen der rechten Hand liegt auf der rechten Seite des linken Daumens. Der Golfer kann den linken Daumen nun nicht mehr sehen. Er liegt genau in dem Spalt zwischen rechtem Hand- und Daumenballen und wird deshalb komplett von der rechten Hand verdeckt. Der rechte Daumen kommt nun auf der linken Seite des Griffes zur Ruhe, und der rechte Zeigefinger wird, leicht abgespreizt, auf die rechte Seite des Griffes gelegt. Leicht abgespreizt bedeutet, daß sich der rechte Zeige- und Mittelfinger nicht berühren, da eine kleine Lücke zwischen diesen beiden Fingern entstehen soll. Daumen und Zeigefinger berühren sich bis auf Höhe des Daumenendgelenks.

Am linken Teil der Unterseite des Griffes werden sich der rechte Zeigefinger und der Daumen abhängig von der Fingerlänge fast oder leicht berühren. Der rechte Daumen kann in dieser Position keinerlei negativen Einfluß mehr nehmen. Bei vielen Golfern rutscht er aber auf die Oberseite des Griffes und kann hierdurch Druck auf den Schläger ausüben. Nun können Sie mit der rechten Hand denselben Test machen wie mit der linken: Halten Sie den Schläger genau vor die Mitte des Körpers. Sie müßten nun, ohne daß Sie den Kopf bewegen, bei einem neutralen Griff die Knöchel des Zeige- und Mittelfingers sehen. Aus dieser Perspektive liegen das Mittelgelenk des rechten Zeigefingers und die Spitze des rechten Daumens auf derselben Höhe. Der Daumen und der Zeigefinger bilden miteinander ein „V“, das bei einem neutralen Griff in etwa auf das rechte Schlüsselbein zeigt. Die Handrücken stehen nun in einer Winkelstellung von circa 30° zueinander.

Da der Griff der entscheidende Faktor für die Schlägerblattstellung im Treffmoment ist, muß das Verhältnis von Schlägerblattausrichtung und Drehung der Hände auf den Ballflug abgestimmt werden. So kann ein Anfänger, bei dem sich das Schlägerblatt in der Vorwärtsbewegung meist nicht genügend schließt, den Schläger nicht genau so

Der komplette Griff aus der Sicht des Golfers: Der rechte Daumen liegt auf der linken Seite, der rechte Zeigefinger auf der rechten Seite des Griffes

Beim Overlapping-Griff wird der kleine rechte Finger in den Spalt zwischen Zeige- und Mittelfinger der linken Hand gelegt

Der komplette Griff von der Seite gesehen

greifen wie der Tourspieler, der gegen einen Hook ankämpft. Diese *individuelle Anpassung* des Griffs erfolgt natürlich innerhalb gewisser Grenzen, denn nicht jedes Ballflug-Problem kann mit dem Griff gelöst werden.

Beginnen Sie mit dem neutralen Griff, bei dem wie gesagt die Vs beider Hände ungefähr auf die Mitte des rechten Schlüsselbeins zeigen. Sollten Sie am Ballflug feststellen, daß dieser Griff das Schlägerblatt nicht genügend schließt, der Ball also häufig nach rechts abdreht, so drehen Sie beide Hände am Schläger so weit nach rechts, daß die Vs auf Ihre rechte Schulter zeigen. Dreht der Ball bei einem neutralen Griff ständig nach links, so drehen Sie die Hände so weit nach links, bis die Vs auf Ihr Kinn zeigen.

Die zweite individuelle Anpassung kann mit Hilfe des kleinen Fingers der rechten Hand durchgeführt werden. Golfer, die sehr kleine Hände haben, können beim Overlapping-Griff (der rechte kleine Finger liegt in dem Spalt zwischen linkem Zeige- und Mittelfinger) Probleme bekommen, da der rechte kleine Finger aufgrund fehlender Länge dauernd aus dem Spalt herausrutscht. In diesem Fall bietet sich der Interlocking-Griff an, bei dem die beiden kleinen Finger ineinander verschränkt werden (Beispiel: Jack Nicklaus). So ist auch bei kleinen Händen der Zusammenhalt beider Hände gewährleistet. Bei diesem Griff müssen Sie darauf achten, daß die rechte Hand durch das Einhaken des kleinen rechten Fingers nicht zu weit nach rechts rutscht.

Bei Kindern kann auch der Interlocking-Griff manchmal unzureichend sein. Hier bietet sich dann der Zehn-Finger-Griff (auch Baseball-Griff genannt) an, bei dem alle Finger am Schläger liegen, die beiden Hände aber so eng wie möglich nebeneinander liegen.

Vollständiger Griff

Die Abbildungen auf den Seiten 20 – 22 zeigen den kompletten Griff aus verschiedenen Perspektiven. Sie müssen stets das Gefühl haben, daß Ihre Hände eine Einheit bilden und zu gleichen Teilen am Schwung beteiligt sind. Sie müssen weiterhin prüfen, ob es Ihnen leichtfällt, den Schläger mit diesem Griff allein durch das Abwinkeln der Handgelenke zur Daumenseite vom Boden aus anzuheben. In der angehobenen Position sollte der Winkel zwischen Unterarmen und Schlägerschaft etwa 90° betragen.

Bei einem korrekten Griff muß das Anheben des Schlägers aus den Handgelenken leichtfallen

Ob Sie den Griff neu erlernen oder ob Sie von einem anderen Griff auf den vorher beschriebenen wechseln, das Gefühl in den Händen wird anfangs meist ungewohnt sein. Infolgedessen verkrampfen sich die Hände häufig, was jedoch beim Greifen eines Golfschlägers unerwünscht ist, da die Handgelenke sich während des Schwunges ungehindert bewegen müssen.

Die optimale *Festigkeit des Griffs* ist gerade so groß, daß der Schläger nicht aus der Hand rutscht. Während des Schwunges wird der Druck ohnehin von alleine stärker, so daß kaum die Gefahr besteht, den Schläger zu locker zu greifen (siehe hierzu auch gegenüberliegende Seite).

Verdreht sich der Schläger im Treffmoment in den Händen, so liegt dies nicht an einem zu lockeren Griff, sondern daran, daß der Ball nicht mit dem Sweet Spot des Schlägers getroffen wurde. Dies erzeugt eine so starke Kraft, daß selbst ein extrem fester Griff das Verdrehen des Schlägers nicht verhindern kann.

Die Festigkeit des Griffs wird nicht, wie häufig beschrieben, mit den letzten drei Fingern (Mittelfinger bis kleiner Finger), sondern allein durch Zeigefinger und Kleinfingerballen der linken Hand erzeugt. Da der Schläger schräg durch die Hand läuft, ist er zwischen beiden eingeklemmt. Der Druck wird bei zunehmender Zugkraft von alleine größer, da sich der Schläger in der Selbsthemmung befindet. Auf den linken Daumen kommt erst im höchsten Punkt des Ausholens Druck. Der Daumen sorgt dann dafür, daß der Schläger nicht zu weit zurückschwingt.

Mittel- und Ringfinger üben bei der rechten Hand den größten Druck auf den Schläger aus. Daumen und Zeigefinger werden nur auf Höhe des Daumenendgelenks leicht gegeneinander gedrückt. Auf den Schläger wird von diesen beiden Fingern keine bewußte Kraft ausgeübt. Der kleine Finger bleibt während des Schwunges passiv auf der linken Hand liegen.

Der Schläger befindet sich zwischen Zeigefinger und Daumenballen in der Selbsthemmung und kann so ohne großen Kraftaufwand gehalten werden

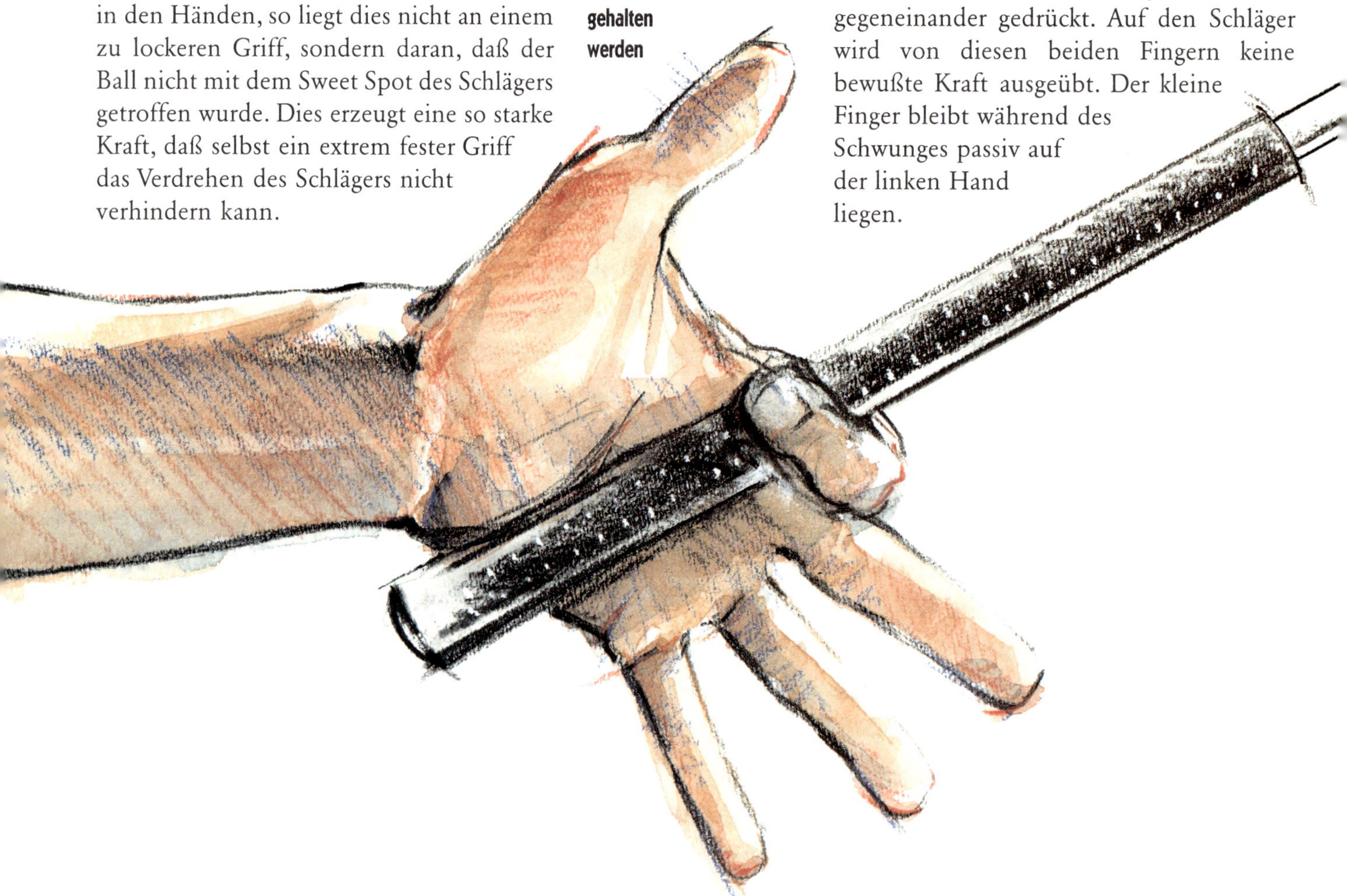

Sie sollten darauf achten, daß sich der *Griff während des Schwunges* nicht verändert. Er kann sich an den Händen vorwiegend an drei Stellen, meist im höchsten Punkt des Ausholens, lösen.

1. An der Stelle, an der sich der Kleinfingerballen der linken Hand und der Schlägergriff berühren.
2. Am Kontaktpunkt zwischen rechtem Daumenballen und linkem Daumen.
3. An der Verbindung zwischen Daumen und Zeigefinger der rechten Hand.

Nach einem guten Schlag könnte der Griff prinzipiell ohne Korrektur wiederverwendet werden. In der Praxis sollte er jedoch nach jedem Schlag gelöst werden. Dies hat zwei Gründe:

1. Die Hände verkrampfen so nicht unnötig.
2. Der Griff wird jedesmal neu geübt.

Um die Voraussetzung für einen guten Schwung zu schaffen, sollten Sie den Griff täglich üben. Sie brauchen hierzu keine Driving-Range, denn Sie können ihn mit einem Schläger auch problemlos zu Hause trainieren.

Das Lösen des linken Handballens vom Schlägergriff (o.), das Lockern des Kontaktes von rechtem Daumenballen und linkem Daumen (l.)...

...sowie das Lösen der Verbindung von Daumen und Zeigefinger der rechten Hand (r.) führen dazu, daß der Schläger zu weit zurückschwingt. Dies macht ein unnötiges Nachgreifen während des Abschwungs erforderlich

GRIFF

- Der Schlägergriff wird zwischen Zeigefinger und Handballen der linken Hand eingeklemmt und hauptsächlich mit den Fingern der rechten Hand gehalten.
- Die beiden „V's" zeigen auf das rechte Schlüsselbein. Man kann von beiden Händen jeweils zwei Knöchel sehen.
- Der Griffdruck ist nicht größer als der beim Händeschütteln.
- Der Griff sollte während des Schwunges nicht verändert werden.

Ohne Körperwinkel reicht der Schläger nicht bis zum Boden

Haltung und Stand

Haltung

Als Sie das erste Mal Golfer bei der Ausübung ihres Sports sahen, haben Sie sich wahrscheinlich gefragt, warum alle eine so sonderbare Haltung einnehmen, um die Bälle zu schlagen. Der Grund ist nicht sofort erkennbar, aber bei näherer Betrachtung sehr logisch. Machen Sie einmal folgendes Experiment:
Nehmen Sie ein Eisen 6, wie im vorherigen Kapitel beschrieben, in die Hände, und stellen Sie sich aufrecht hin. Wenn Sie nun Ihre Arme herunterhängen lassen, stellen Sie fest, daß der Schläger nicht einmal bis auf den Boden reicht.
Man muß sich also auf irgendeine Weise kleiner machen, um mit diesem Schläger spielen zu können. Läßt man den Anfänger dies instinktiv durchführen, krümmt er seinen Rücken so weit, bis der Schläger in akzeptabler Entfernung auf den Boden reicht.
In dieser Haltung ist es zweifellos möglich, Golfbälle zu schlagen, doch es wird einem nicht gelingen, sie während einer vollen Ausholbewegung beizubehalten. Dies würde im Rücken zuviel Spannung erzeugen. Deshalb wird man bei dieser Ausgangshaltung zwangsläufig im Verlauf der Ausholbewegung größer und, um den Ball zu treffen, bei der Vorwärtsbewegung im gleichen Maße kleiner. Dies erfordert viel Geschick und Koordination und ist auf Dauer nicht sehr zuverlässig.
Wie Sie gesehen haben, ist eine von vielen wichtigen *Funktionen der Haltung*, daß man sich gut drehen kann, ohne diese Haltung aufgeben zu müssen.
Ferner muß sich Ihr Oberkörper in einer Schrägen befinden, da der Ball auf dem Boden liegt und der Schläger deshalb in einer schrägen Bahn um Ihren Körper schwingt.
Ihre Haltung muß weiterhin gewährleisten, daß Sie sich zu Beginn und im Verlauf des Schwunges im Gleichgewicht befinden.
Der Schläger muß seinem Lie entsprechend auf dem Boden liegen und auch im Treffmoment wieder in dieselbe Lage zurückkehren können. Hierzu ist erforderlich, daß in der richtigen Haltung zwischen dem Griffende und den Oberschenkeln genügend Platz ist, denn aufgrund der Unterkörperdrehung im Abschwung wird dieser Platz im Treffmoment knapper werden. Um die optimale Haltung einzunehmen, macht man sich durch entsprechende Winkelstellungen von Knie- und Hüftgelenken kleiner.

Anfänger scheuen sich meist davor, „in die Oberschenkel zu gehen", und krümmen ausschließlich den Rücken

Der *Kniewinkel* ist der Winkel, der von Ober- und Unterschenkel gebildet wird. Golfspieler gehen allerdings nicht im herkömmlichen Sinn „in die Knie", sondern gehen – wie ich es nenne – „in die Oberschenkel". Dazu winkelt man die Beine in den Kniegelenken an, ohne jedoch die Knie nennenswert nach vorne zu bringen. Das Becken wird so weit nach hinten abgesenkt, bis sich die Hüftknochen über den Fersen befinden. Die Kniescheiben befinden sich senkrecht über den Fußballen und das Körpergewicht liegt auf den Fersen. Der in dieser Form noch schlechte Stand wird nun durch den richtigen Hüftwinkel korrigiert.

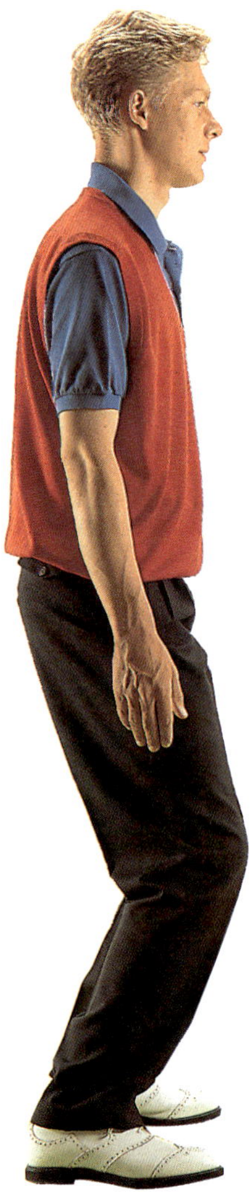

Beim Golf geht man nicht „in die Knie",...

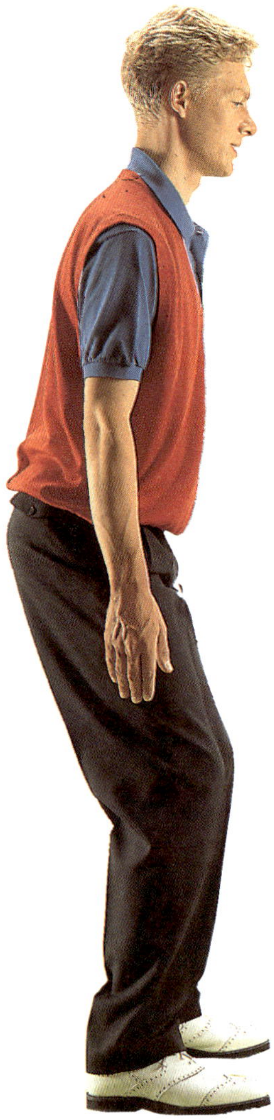

...sondern in die Oberschenkel, ohne die Knie nennenswert nach vorne zu bringen

Der *Hüftwinkel* ergibt sich durch die Stellung von Oberkörper und Oberschenkel zueinander. Aus der vorher beschriebenen Position neigt man nun seinen Oberkörper im Hüftgelenk so weit nach vorne, bis sich, aus der seitlichen Perspektive gesehen, die Mitte der Schultern senkrecht über den Kniescheiben befindet. Die Wirbelsäule ist nun um circa 30° nach vorne geneigt. Das Gewicht sollte nun gleichmäßig zwischen Fersen und Ballen verteilt sein.

Achten Sie darauf, daß Sie beim Einnehmen dieser Körperhaltung nicht den Rücken krümmen, nicht ins Hohlkreuz gehen und auch nicht die Haltung der unteren Körperhälfte verändern. Da es für den ungeübten Sportler nicht so einfach ist, in die richtige Haltung zu kommen, sollte er anfangs einen seitlich aufgestellten Spiegel zu Hilfe nehmen.

Anfänger glauben zunächst einmal, die beschriebene Haltung sei unnatürlich. Viele tun sich auch deshalb so schwer, eine gute Haltung zu erlernen, weil sie in der richtigen Haltung das Gefühl haben, albern auszusehen. Beim Sitzen auf einem Stuhl kann man ein ähnliches Phänomen beobachten: Sitzt man mit wirklich geradem Rücken auf einem Stuhl, empfindet man dies als unbequem und unnatürlich. Setzt man sich bequem (mit gekrümmtem Rücken) auf einen Stuhl, nimmt man eine wirbelsäulenschädigende Sitzposition ein.

Die korrekte Haltung beim Golf ist nicht bequem. Die meisten Golfer verspüren deshalb zu Anfang ein leichtes Spannungsgefühl im oberen Lendenbereich. Dies zeigt an, daß die entsprechenden Muskeln mehr beansprucht werden. Die Spannung wird nach einiger Zeit des Übens verschwinden.

In der richtigen Haltung hat man durch die Spannung in vielen Muskeln das Gefühl, „geladen" zu sein, bereit, eine Bewegung durchzuführen – ähnlich einem Sprinter kurz vor dem Start.

In der richtigen Haltung befinden sich die Hüftknochen senkrecht über den Fersen und die Schultergelenke genau über den Kniescheiben und den Fußballen

Wenn man nur die Arme ausstreckt, kann man keinen schweren Gegenstand auffangen

Begibt man sich in eine athletische Haltung, so kann man unter Beteiligung der großen Muskelgruppen von Rücken und Oberschenkeln auch schwerere Gegenstände auffangen

Damit Sie erkennen, daß diese Haltung gar nicht so unnatürlich ist, stellen Sie sich einmal vor, Sie müßten eine schwere Golftasche auffangen, die von oben herunterfällt. Wie würden Sie sich instinktiv hinstellen? Mit Sicherheit nicht völlig aufgerichtet mit ausgestreckten Armen. So könnten Sie zwar etwas Leichtes auffangen, ein schwerer Gegenstand würde Ihre Arme, die in dieser Haltung alleine die erforderliche Kraft aufbringen müßten, überfordern. Sie würden sicher, ohne viel darüber nachzudenken, eine günstigere Position einnehmen, bei der sich die Arme nahe am Körper befinden. Und genau diese Haltung ist auch beim Golf das Ziel.

In diesem Abschnitt gehe ich nun näher auf die *Position von Armen, Händen und Schläger* ein. Die Arme können in der richtigen Haltung entspannt und fast senkrecht herunterhängen. Die Oberarme haben mit dem Oberkörper bis auf halbem Wege zum Ellbogen engen Kontakt. Zwischen den Oberschenkeln und den Händen sollte etwa eine Faust Platz haben.

Wenn dies alles beachtet wird, der Schläger mit seiner ganzen Sohle auf dem Boden aufliegt und das Körpergewicht auf Fersen und Ballen gleichmäßig verteilt ist, ist auch der Abstand zum Ball richtig.

Weiterhin ist zu beachten, daß sich in der richtigen Haltung aus der seitlichen Perspektive zwischen Unterarmen und Schläger ein Winkel gebildet hat. Je kürzer der Schläger ist, desto größer wird dieser Winkel durch den größeren Lie der kurzen Schläger sein. Das spiegelt sich beim Golfer in einem stärkeren Abwinkeln beider Handgelenke zur Kleinfingerseite (Ulnarflexion) wider. Von diesem Detail abgesehen, ist die Haltung bei den vollen Schlägen bei allen Schlägern gleich. Die Schläger sind so konstruiert, daß das Griffende unabhängig von der Schaftlänge immer den gleichen Abstand zum Boden hat.

Eine korrekte *Haltung des Kopfes* bedeutet, daß er sich in gerader Verlängerung der Wirbelsäule befindet.

Viele Golfspieler neigen dazu, den Kopf zu stark nach unten zu senken, damit Sie den Ball besser sehen. Schauen Sie ihn jedoch besser eher hochnäsig an, da die linke Schulter bei der folgenden Körperdrehung unter das Kinn passen soll und die Schultern nicht auf einer zu steilen Ebene drehen müssen. Von vorne gesehen sollten die Augen eine waagerechte Linie bilden, das heißt, der Kopf sollte seitlich nicht gekippt werden, da dadurch zum einen das Gleichgewichtsgefühl beeinträchtigt, zum anderen die Startrichtung des Schlägers negativ beeinflußt wird.

Die komplette Haltung aus der seitlichen Perspektive (l). Die Haltung ist bei allen Schlägern gleich, da das Griffende unabhängig vom Schläger immer den gleichen Abstand zum Boden hat (r.)

Der Golfer steht bei Schlägen mit mittleren Eisen schulterbreit, bei längeren Eisen etwas breiter und bei kürzeren ein wenig schmaler

Die Hände befinden sich leicht links von der Körpermitte

Stand

Hinsichtlich der *Standbreite* (Abstand der Füße zueinander) muß man einen Kompromiß zwischen gutem Drehvermögen und hoher Standfestigkeit finden. Je weiter die Füße auseinander stehen, desto sicherer wird zwar der Stand, aber um so schwieriger wird es, sich vollständig aufzudrehen. Bei den meisten Golfern ist der Stand daher etwa schulterbreit (jeweils die Fußmitte senkrecht unter der Außenseite der Schulter), wobei bewegliche Golfspieler etwas breiter, unbeweglichere etwas schmaler stehen. Dies trifft für mittellange Schläger (Eisen 5 – 7) zu; bei längeren Schlägern ist der Stand etwas breiter, bei kürzeren ein wenig schmaler.

Um optimale Voraussetzungen für den Schwung zu schaffen, sollte der linke Fuß etwa 25° nach außen gedreht werden (der rechte etwas weniger), da sich die untere Körperhälfte beim Ausholen weniger dreht als beim Abschwung. Die *Knie* befinden sich aus der frontalen Perspektive senkrecht über den Füßen.

Da die rechte Hand den Schläger weiter unten greift als die linke, befindet sich auch die rechte Schulter etwas unterhalb der linken. Dies führt dazu, daß der ganze Oberkörper ein ganz klein wenig nach rechts gekippt ist. Würde man einen Golfer in dieser optimalen Haltung mit beiden Füßen auf jeweils eine Waage stellen, so ließe sich wahrscheinlich eine *Gewichtsverteilung* von 51 Prozent auf der rechten Seite und 49 Prozent auf der linken feststellen. Dies ist aber so minimal, daß der Golfer es gar nicht spüren kann.

Die *Lage des Balles* ist von der Länge des Schlägers abhängig. Der Grund dafür ist einleuchtend: Bei einem Schlag mit einem kurzen Eisen ist man mehr an Genauigkeit interessiert als an Schlaglänge. Genauigkeit wird durch starken Rückwärtsdrall des Balles, der für Flugstabilität, Flughöhe und eine geringe Rollstrecke nach der Landung sorgt, gefördert. Der Rückwärtsdrall wird wiederum durch einen steilen Eintreffwinkel des Schlägers in den Ball verstärkt; je weiter der Ball am rechten Fuß liegt, desto steiler wird der vertikale Eintreffwinkel sein. Deshalb sollte der Ball bei einem Schlag mit einem kurzen Eisen (Sand-Wedge bis Eisen 8) in der Mitte des Standes liegen.

Schlägt man zum Beispiel mit einem Holz, will man möglichst weit schlagen. Ein übermäßig starker Rückwärtsdrall ist hier unerwünscht, weil der Ball eine flache Flugkurve erhalten und nach dem Aufprall noch möglichst weit rollen soll.

Ebenso würde ein steiler Eintreffwinkel die Schlaglänge reduzieren, da die Kraft des

Die Ballage ist abhängig vom gewählten Schläger. Je weiter rechts der Ball liegt, desto steiler wird der horizontale Eintreffwinkel (kurze Schläger), je weiter links der Ball liegt, desto flacher (lange Schläger)

Bei Schlägen mit kurzen Eisen wird der Ball aus der Mitte des Stands gespielt

Bei Schlägen mit mittleren und langen Eisen wird der Ball leicht links von der Mitte des Stands gespielt

Bei Schlägen mit Hölzern vom Tee wird der Ball ungefähr auf Höhe der Innenseite des linken Schuhabsatzes plaziert

Schlägerkopfes so nicht voll in Richtung Ziel wirken würde.
Der Ball wird deshalb bei einem Schlag mit dem Holz senkrecht vor die Innenseite des linken Schuhabsatzes gelegt. Dies führt dazu, daß er ungefähr im tiefsten Punkt des Schwungbogens des Schlägers getroffen wird. Bei langen und mittleren Eisen ist die optimale Lage des Balles zwischen diesen beiden Positionen.
Häufig werden Golfschüler von ihren Lehrern angewiesen, den linken Arm und den Schläger aus der frontalen Perspektive in einer Linie zu halten, damit die Hände auch im Treffmoment wieder vor den Ball kommen. Meiner Ansicht nach besteht bei dieser Handhaltung jedoch eher die Gefahr, daß der Schläger im ersten Teil des Schwungs zu flach wird. Aufgrund meiner Erfahrungen schätze ich den Einfluß der Handhaltung bei der Ansprechposition auf den Treffmoment eher gering ein. Sie sollte in erster Linie ein richtiges Zurückführen des Schlägers gewährleisten.
Die richtige *Position der Hände zum Ball* findet man am besten, indem man einen Holzschläger in die Hand nimmt, den Ball wie beschrieben etwa in Höhe des linken Schuhabsatzes legt und nun die Hände in eine Position bringt, bei der sich der Schlägerschaft von vorne gesehen senkrecht zum Boden befindet. Dann befinden sich die Hände links von der Körpermitte und genau auf der Höhe des Schlägerkopfes, der direkt hinter den Ball gestellt wird.
Diese Handhaltung ist bei allen Schlägern und bei allen Ballagen gleich. Das heißt, daß sich die Hände bei den kurzen Eisen vom Ziel aus gesehen vor dem Ball befinden, bei den langen und mittleren Eisen genau auf gleicher Höhe, bei den Hölzern minimal dahinter. Um die Handhaltung zu überprüfen, kann in das Loch am Griffende des Schlägers ein Tee gesteckt werden, das dann auf die linke Körperhälfte zeigen muß.

HALTUNG UND STAND

- Um sich kleiner zu machen, „geht" man „in die Oberschenkel" und beugt sich mit geradem Rücken aus der Hüfte nach vorne.
- Das Kinn ist hoch, die Augen befinden sich auf derselben Höhe, und der Kopf wird nicht seitlich gekippt.
- Der Stand ist etwa schulterbreit, die Füße sind leicht nach außen gedreht (links mehr, rechts weniger).
- Die Ballage ist, abhängig vom gewählten Schläger, zwischen der Mitte des Standes (kurze Eisen) und der Innenseite des linken Schuhabsatzes (Hölzer vom Tee).
- Die Hände befinden sich beim Ansetzen leicht links von der Körpermitte.

Beim Üben sollte grundsätzlich ein Schläger, der parallel zur Ziellinie ausgerichtet ist, zwischen Fußspitzen und Ball auf den Boden gelegt werden

Schlagvorbereitung

Zielen

Das Zielen im Golf ist problematisch, da man parallel zur Ziellinie steht, und so die Augen ein gutes Stück von dieser Linie entfernt sind. Bei den meisten anderen Sportarten, bei denen es darum geht, ein bestimmtes Objekt zu einem Ziel zu befördern (Bogenschießen, Bowling, Billard etc.), befindet sich immer ein Auge auf oder über der Ziellinie.

Für den Golfspieler stellt sich nun das Problem, sich mit seinem Körper genau parallel zur Ziellinie auszurichten. Um dies zu erreichen, müßte er in der Lage sein, seinen Kopf exakt um 90° zu drehen, dann einen Punkt anzupeilen, der sich im gleichen Abstand links vom Ziel befindet, in dem seine Füße vom Ball entfernt stehen, und schließlich seine Füße auf eine gedachte, parallel zur Ziellinie verlaufende Linie zu stellen.

Dies wird aber kaum jemandem mit 100prozentiger Genauigkeit gelingen. Stellt man nämlich einen Fuß nur 5 cm zu weit nach vorne oder hinten, so hat man sich, eine Standbreite von einem halben Meter vorausgesetzt, bei einem 150 Meter entfernten Ziel schon 15 Meter zu weit nach links oder rechts ausgerichtet!

Deshalb ist es nicht möglich, sich aus der seitlichen Perspektive richtig auszurichten. Nachfolgend nun die einzig richtige Vorgehensweise beim Zielen:
Nach einem eventuellen Probeschwung stellt sich der Golfer vom Ziel aus gesehen hinter seinen Ball. Von hier aus sucht er sich ein sogenanntes Zwischenziel, das 20–100 cm vor dem Ball auf der Ziellinie liegt. Ein Zwischenziel kann zum Beispiel ein altes Divot sein. Nachdem der Spieler dieses Hilfsziel bestimmt hat, greift er seinen Schläger und setzt die Schlagfläche so hinter den Ball, daß sie genau zum Zwischenziel ausgerichtet ist. Der Grund für diese Vorgehensweise ist einleuchtend: Es ist natürlich viel leichter, den Schläger auf ein maximal 1 Meter entferntes Ziel auszurichten, als auf eines, das 150 Meter entfernt ist.

Auf dem Platz sucht sich der Golfer aus dieser Position ein Zwischenziel

Ausrichten

Mit der Schlagfläche postiert der Spieler auch seinen rechten Fuß genau senkrecht zur Ziellinie. Anschließend geht sein Blick über das Zwischenspiel sofort wieder zum eigentlichen Ziel. Der Körper ist in dieser Haltung leicht links vom Ziel ausgerichtet. Im nächsten Schritt wird nun der linke Fuß in seine endgültige Position gebracht, anschließend wird der rechte so korrigiert, daß die Standposition stimmt. Nun ist der Körper parallel zur Ziellinie ausgerichtet. Dies bedeutet, daß die Verbindungslinien der Schultern, Hüften, Knie, Füße und der Unterarme parallel zur Ziellinie verlaufen. Jetzt blickt man nochmals zum Ziel. Bei vielen Anfängern ist der Körper in der Phase kurz vor dem Schlag verkrampft. Ein guter Spieler steht dagegen entspannt am Ball. Einige trippeln vor dem Schlag mit den Füßen; andere bewegen den Schläger auf und ab oder führen einen sogenannten „Waggle" aus. Das ist eine Lockerungsbewegung aus den Unterarmen und Handgelenken, bei der der Spieler den Schläger hin und her pendeln läßt. Jeder sollte seine individuellen Vorbereitungsmaßnahmen treffen, um schließlich konzentriert, aber dennoch entspannt den Schwung ausführen zu können.

Der Körper ist mit Füßen, Hüften, Schultern und Unterarmen parallel zur Ziellinie ausgerichtet

Auslösen

Ein weiteres Problem ist, daß man beim Golf aus einer ruhigen Ausgangsposition sofort eine fließende, rhythmische Bewegung ausführen muß. Bei anderen Ballsportarten (Tennis, Fußball, Basketball etc.) befindet man sich meist schon lange vor dem Ballkontakt in Bewegung. Um dieses Problem etwas besser in den Griff zu bekommen, leiten viele Golfer ihren Schwung mit einem sogenannten Auslöser ein. Dies ist irgendeine Bewegung unmittelbar vor dem Rückschwung. Einige drücken das rechte Knie in Richtung Ziel, bevor sie starten; andere bewegen den Schläger auf und ab und setzen ihn erst als Auslöser auf den Boden. Häufig wird auch ein „Forward-Press" als Auslöser benutzt. Dies bedeutet, daß die Hände ein Stück in Richtung Ziel geschoben werden, bevor mit dem Ausholen begonnen wird. Dies sollte allerdings nur dann gemacht werden, wenn der Schläger trotzdem auf der richtigen Bahn zurückgenommen wird.

Es hat also nicht unbedingt nur Vorteile, daß der Ball beim Golf unbeweglich auf dem Boden liegt. Es wirft ebenso Probleme auf, nicht zuletzt auch mentaler Art. Vor dem Schlag bleibt viel Zeit, darüber nachzudenken, was alles schiefgehen könnte. Ziel ist es also, durch einen ganz genau festgelegten Ablauf (Greifen, Probeschwung, Zielen, Ausrichten, Auslösen) vor dem Schlag dafür zu sorgen, daß auch der folgende Schwung immer gleich bleibt (und keine Zeit bleibt, über die Folgen eines eventuellen Fehlschlages nachzudenken). Wer die Vorbereitung bei jedem Schlag unterschiedlich ausführt, muß damit rechnen, daß sich auch sein Schwung jedes Mal verändert.

SCHLAGVORBEREITUNG

- Um das Zielen zu vereinfachen, sollte man bei jedem längeren Schlag ein Zwischenziel verwenden.
- Beim Ausrichten wird die Schlagfläche des Schlägers zuerst auf das Zwischenziel ausgerichtet, erst danach wird der ganze Körper parallel zur Ziellinie ausgerichtet.
- Kurz vor dem Schlag kann man einen „Auslöser" einsetzen, um den Start des Schwunges flüssiger zu gestalten.

Vorläufige Haltung beim Ausrichten: Als erstes wird das Schlägerblatt auf das Zwischenziel ausgerichtet, bevor Füße und Körper ihre endgültigen Positionen einnehmen

Abschlag, Annäherung und Putten sind es nicht allein, die den Reiz des Golfspiels ausmachen. Vielmehr ist es doch die Fähigkeit eines Golfers, sich den – stets einmaligen – Gegebenheiten eines Platzes anzupassen und dessen Herausforderungen anzunehmen, die das Erlebnis komplettiert. Und wenn einem dann noch die landschaftliche Pracht von Muana-Lani auf Hawaii geboten wird...

DER SCHWUNG

Beim Ausholen und beim Abschwung überstreicht der Schläger jeweils einen Kreisbogen von annähernd 270°. Beim Durchschwung sind es sogar etwa 400°.

Eingangs habe ich gesagt, daß Golf nicht einfach sei. Andererseits aber ist es nicht schwierig, den Bewegungsablauf des vollen Schwunges zu verstehen. Das eigentlich Schwierige ist vielmehr die Schwungausführung, das heißt, das Koordinieren der einzelnen Bewegungen.

Vier Grundbewegungen

Ziel des Schwunges ist es, den Ball bei jedem Schlag im langen Spiel gerade, hoch und weit zu schlagen. Um dies zu erreichen, muß das Schlägerblatt den Ball wiederholbar mit hoher Geschwindigkeit mit dem Sweet Spot treffen, wobei es in Richtung Ziel zeigt und schwingt. Um diese Voraussetzung zu erfüllen, muß der Golfer während des Schwunges vier Grundbewegungen durchführen.

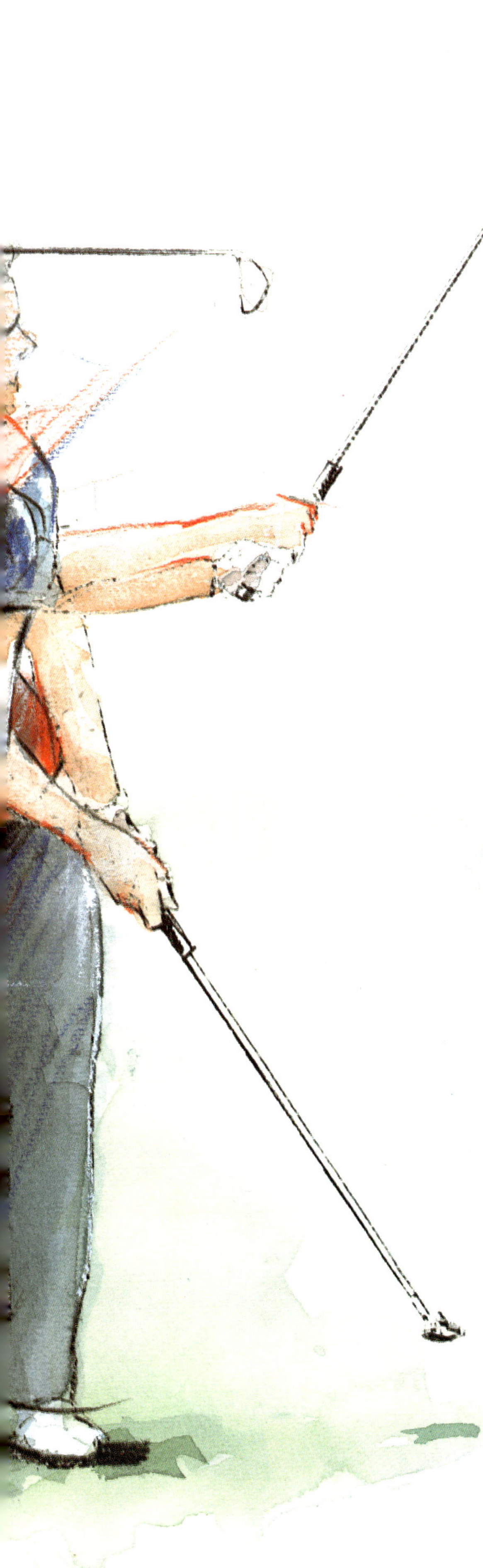

Drehen des Körpers

Der Körper muß sich in der Ansprechhaltung um die Wirbelsäule drehen. Beim Ausholen baut sich hierbei eine muskuläre Spannung zwischen oberer und unterer Körperhälfte auf, da sich der Oberkörper etwa doppelt so weit aufdreht wie die untere Körperhälfte.

Die Energie dieser Muskelspannung wird dann beim Abschwung freigegeben und bildet die Voraussetzung für eine hohe Schlägerkopfgeschwindigkeit.

Da sich der Körper in der Ansprechposition dreht, finden während des Schwunges keine Vertikalbewegungen (Hoch-Tief-Bewegungen) statt.

Alle Körperteile, die sich vor der Wirbelsäule als Drehachse befinden (zum Beispiel Kopf und Brust), bewegen sich beim Ausholen nach rechts und beim Durchschwung nach links.

Abwinkeln der Handgelenke

Beim Ausholen werden die Handgelenke zur Daumenseite (Radialflexion), beim Abschwung in Richtung Kleinfingerseite (Ulnarflexion) abgewinkelt. Die Handgelenke machen aus dem Golfschwung ein Zwei-Hebel-System und können somit die von Körper und Armen erzeugte Kraft vervielfachen. Der richtige Griff ist hierfür die wesentliche Voraussetzung.

Rotation der Unterarme

Die Unterarme werden beim Ausholen im Uhrzeigersinn (Pronation des linken Unterarmes; Supination des rechten Unterarmes) und bei der Vorwärtsbewegung in umgekehrter Richtung rotiert. Dies führt dazu, daß der Schläger auf der richtigen Bahn (Ebene) bleibt.

Lösen der Arme vom Körper

Die Arme lösen sich beim Ausholen vom Körper nach oben und kommen ihm bei der Vorwärtsbewegung wieder näher, indem sie nach unten schwingen. Der Abstand der Oberarme zum Körper muß sich hauptsächlich in der zweiten Hälfte der Ausholbewegung vergrößern, damit die Arme auf die richtige Ebene (Armebene) kommen. Dementsprechend müssen die Arme beim Abschwung, wenn sich der Oberkörper nach links dreht, wieder nach unten schwingen.
Bei vielen Golfern kann man Schwünge beobachten, die neben den vier Grundbewegungen zusätzliche, allerdings unnötige Bewegungen aufweisen. Natürlich ist es so auch möglich, gute Bälle zu schlagen, doch leidet verständlicherweise die Beständigkeit, wenn überflüssige Bewegungen und daraus resultierende Ausgleichsbewegungen den Schwung unnötig komplizieren. Konstanz beim Schwung ist letztendlich das Ziel aller Golfer. Fast allen Spielern gelingen hin und wieder befriedigende Golfschläge, regelmäßig schaffen das jedoch die wenigsten. Man sollte also nicht glauben, der Schwung sei im Prinzip richtig, nur weil der ein oder andere Schlag gelingt. Dies ist oft ein Zufall, bei dem sich Fehler gegenseitig aufheben. Es ist zudem ein Irrglaube, daß nur die schlechten Schläge korrigiert werden müssen, um besser zu werden.
Genaue Analysen von Videoaufnahmen zeigen, daß alle Schwünge gleich aussehen – vorausgesetzt der Golfer befindet sich nicht gerade in einer Schwungveränderungsphase. Reagiert der Ball bei mehreren Versuchen ganz unterschiedlich, so liegt das vor allem daran, daß ein und derselbe Fehler unterschiedliche Auswirkungen haben kann. Ebenso irren viele, die glauben, ihre Probeschwünge seien perfekt und der Schwung werde erst dann verkehrt, wenn der Ball hinzukommt. Bei einem Probeschwung weiß man nie, ob der Schläger wieder exakt an die Position kommt, an der er sich zu Beginn des Schwunges befand. Ebensowenig erfährt man etwas über die Stellung des Schlägerblattes im Treffmoment. So können also beide Faktoren, die für den Ballflug von ganz entscheidender Bedeutung sind, beim Probeschwung grundverkehrt sein, ohne daß man es merkt.
Um nun die erwähnten vier Grundbewegungen chronologisch und detailliert beschrei-

Im zweiten Teil des Ausholens wird die Bewegung weitergeführt, und die Arme lösen sich vom Körper

Im ersten Teil des Ausholens wird der Schläger durch Körperdrehung, Unterarmrotation und leichtes Abwinkeln der Handgelenke auf seiner Ebene nur nach rechts bewegt

Im Abschwung wird der Körper zurückgedreht und die Arme nach unten geschwungen. Im Treffmoment befindet sich der Kopf wieder in seiner Ausgangsposition (also leicht hinter dem Ball) und die Hände leicht vor dem Ball

ben zu können, habe ich den Schwung in zehn Abschnitte aufgeteilt. Die Abbildungen dienen der Verdeutlichung von Details, sind aber nicht zeitstrukturiert (nicht in gleichen Zeitabständen aufgenommen) und überdies gestellt. Hierbei sollten Sie beachten, daß es sich bei den Bildern nur um Momentaufnahmen einer Gesamtbewegung handelt. Der Golfschwung ist aber keine Aneinanderreihung von Einzelpositionen, sondern ein fließender Bewegungsablauf. Sie müssen also nach der Analyse und Änderung bestimmter Bewegungsteile versuchen, diese wieder zu einer Gesamtbewegung zusammenzufügen.

Dieses Kapitel sollte nun nicht als Checkliste verstanden werden, die während des Schwunges Punkt für Punkt abgehakt wird. Sie sollten es vielmehr als Nachschlagewerk nutzen, in dem Sie Antworten zu Detailfragen finden, die sich Ihnen während der Lernphase immer wieder stellen.

Auch wenn die Menge der folgenden Informationen Sie im ersten Augenblick vielleicht eher abschreckt, so sollten Sie bedenken, daß Sie all die Dinge, die Sie bereits richtig machen, nicht berücksichtigen müssen. Sollten Sie jedoch irgendeinen Fehler feststellen, müssen Sie sich die entsprechende Bewegung ins Bewußtsein rufen, um dort die Fehler zu beheben. Nach der Korrektur und dem Einüben dieses Details geht es dann darum, die neue Bewegung so schnell wie möglich wieder im Unterbewußtsein zu verankern.

Nach dem Treffmoment läßt der Golfer den Schwung des Schlägers auslaufen, wobei sich das Körpergewicht vollständig auf die Außenseite des linken Fußes verlagert

Ausholbewegung

Zur Erinnerung ist an dieser Stelle noch einmal die Ansprechposition abgebildet. Die eingezeichnete Hilfslinie stellt die Schlägerebene aus der seitlichen Perspektive dar. Sie ist jeweils von der Länge des gewählten Schlägers abhängig (hier ein Eisen 6); je länger er ist, desto flacher wird die Ebene und umgekehrt.

Abschnitt 1

Nachdem Sie eine schwungauslösende Bewegung ausgeführt haben, nehmen Sie den Schläger so zurück, daß er aus der seitlichen Perspektive genau auf seiner Ebene bleibt. Hierbei bewegen Sie Hände, Arme, Schultern (in geringem Maße auch Ihre Hüften) so, daß Sie das aus Schläger und Armen gebildete Y, ohne seine Form zu verändern, um die Wirbelsäule als Achse nach rechts drehen. Diese Bewegung setzen Sie fort, bis der Schläger einen Kreisbogen von etwa 45° überstrichen hat. Bis dahin gibt man dem Schläger nur einen seitlichen Kraftimpuls, denn in die Höhe und in die Tiefe bewegt er sich alleine schon deshalb, weil sich die Wir-

Ansprechposition und Schlägerebene aus der seitlichen Perspektive (u.M.). Die gleiche Haltung frontal gesehen (u.l.)

Der Schläger wird im ersten Teil des Schwunges genau auf der ursprünglichen

Schlägerebene, die durch den Lie des jeweiligen Schlägers bestimmt wird, zurückgeführt (o.). Das aus Schlägern und Armen gebildete Y rotiert ohne seine Form zu verändern um die Wirbelsäule nach rechts (r.)

belsäule als Mittelpunkt der Drehbewegung oberhalb und hinter dem Schläger befindet. Das Einleiten des Schwunges wird immer dann unnatürlich, wenn man versucht, den Schläger nach oben beziehungsweise flach am Boden entlang oder übermäßig nach innen beziehungsweise ganz gerade über der Ziellinie zurückzuführen.

Um festzustellen, ob sich das Y in dieser Phase nicht verändert hat, kann man nun überprüfen, ob das Griffende und die vordere Kante des Schlägers (Leading-Edge) wie bei der Ansprechposition immer noch auf die linke Hälfte des Körpers zeigen; auch der Abstand des Griffendes zu diesem Punkt sollte sich seit der Ansprechposition nicht verändert haben.

Das Kopfende des Schlägers muß während des gesamten Weges auf die Ziellinie zeigen. Dies garantiert, daß sich der Schläger immer in der gleichen Schräge (Ebene) befindet.

Abschnitt 2

In dieser Phase werden nun Unterarme und Handgelenke in den Schwung einbezogen. Die Handgelenke werden abgewinkelt, die Unterarme rotiert. Um zu überprüfen, ob beides im richtigen Maße geschehen ist, sollte sich der Schläger, wenn er parallel zum Boden ist, auch parallel zur Ziellinie befinden. Trifft dies zu, und befindet sich die linke Handkante senkrecht über der Außenseite des rechten Fußes, so haben Sie beide Grundbewegungen, das Abwinkeln der Handgelenke und die Rotation der Unterarme, exakt ausgeführt. Das Griffende des Schlägers hat sich bis dahin nur nach rechts bewegt.

Zeigt der Schlägerschaft in dem Moment, in dem er sich parallel zum Boden befindet, in eine Richtung rechts vom Ziel, so wurden entweder die Unterarme zu stark gedreht oder die Handgelenke zu spät abgewinkelt (Beispiel: Barry Lane, Bernhard Langer).

Wenn sich der Schlägerschaft parallel zum Boden befindet, so muß er auch parallel zur Ziellinie sein (o.). Die Handgelenke sind – bei parallel zum Boden befindlichem Schlägerschaft – im richtigen Maß abgewinkelt, wenn sich die linke Handkante senkrecht über der Außenseite des rechten Fußes befindet (r.)

Dagegen war die Unterarmrotation nicht ausreichend beziehungsweise wurden die Handgelenke zu früh abgewinkelt, wenn der Schlägerschaft in diesem Moment deutlich links am Ziel vorbeizeigt (Beispiel: Ronan Rafferty).

Im zweiten Abschnitt wird auch der Körper etwas weiter aufgedreht, weshalb sich auch der Kopf schon etwas nach rechts bewegt hat.

Abschnitt 3

In dieser Phase, in deren Verlauf der Schläger weitere 90° überstreicht, so daß er sich aus der frontalen Perspektive senkrecht zum Boden befindet, werden alle vier Grundbewegungen zu einem weiteren Teil ausgeführt:

1. Die Hände bewegen sich von der Seite gesehen bis zu der Position, an der sie sich im höchsten Punkt des Ausholens befinden. Hierzu müssen sich die Arme vom Körper lösen.

Dieser Vorgang sei mit folgendem Beispiel erklärt: Klemmt sich ein Golfspieler in der Ansprechposition zwei Handtücher unter die Achseln, so dürfen sie von der Ansprechposition bis zu dieser Phase nicht herunterfallen. Da der Schläger jetzt hauptsächlich nach oben geschwungen wird, müssen sich die Arme vom Körper lösen, und die Handtücher fallen herunter. Ein Golfschwung, bei dem sie nicht herunterfallen, wäre, was die Armebene betrifft, viel zu flach.

2. Die größte Änderung in dieser Bewegungsphase findet man in der geänderten Winkelstellung von Unterarmen und Schlägerschaft – von vorne gesehen. Dieser Winkel beträgt nun circa 90°. Das bedeutet, daß die Handgelenke in dieser Phase stark zur Daumenseite abgewinkelt werden.

Der Vorteil eines frühen Abwinkelns liegt darin, daß es nicht mehr im kritischen Teil des Schwunges (kurz vor der Richtungsänderung nach unten) geschehen muß.

Ein Abwinkeln ist zwar auch dann noch möglich, erfordert aber viel Kraft und Koordination vom Golfer, wenn er dies kontrolliert tun will (Beispiel: Jack Nicklaus, Greg Norman). Man sollte aber auch nicht zu früh damit beginnen, vielmehr sollten die Handgelenke zuerst passiv bleiben, damit ein kontrolliertes Zurückführen des Schlägers auf der ursprünglichen Schlägerebene gewährleistet bleibt.

3. Die Unterarme werden weiter gedreht, was dazu führt, daß nun das Griffende auf die Ziellinie gerichtet ist. Auch wenn es im Verlauf des dritten Abschnitts immer weiter nach hinten zeigt, so endet die Verlängerung des Schaftes bis zum oberen Totpunkt immer auf der Ziellinie.

4. Die Körperposition hat sich nur wenig verändert, der Körper wurde nur minimal weitergedreht (die Schultern im Vergleich zur Ansprechposition insgesamt um 50°).

Nun sind schon drei der vier Grundbewegungen des Ausholens abgeschlossen: Das Lösen der Arme vom Körper, die Rotation der Unterarme und die Radialflexion der Handgelenke.

Das Griffende des Schlägers zeigt auf die Ziellinie. Die Hände befinden sich über der ursprünglichen Schlägerebene (u.). Die Handgelenke sind nun so weit abgewinkelt, daß der linke Arm mit dem Schlägerschaft einen rechten Winkel bildet. Der Körper hat sich auf etwa 50° gedreht (l.)

Abschnitt 4

Die Körperdrehung spielt im letzten Teil der Ausholbewegung die wichtigste Rolle. Da sich nun Schläger, Hände und Arme schon in der richtigen Haltung zum Körper befinden, braucht man sich nur darauf zu konzentrieren, sie durch die richtige Körperdrehung und Aushollände in die korrekte Position zu bringen.

Der Körper wird so weit gedreht, bis der Schultergürtel im rechten Winkel zur Ziellinie steht: die Hüften haben sich dann um 35–45° gedreht. Bei dieser Drehbewegung baut sich eine Körperspannung auf, die, bei gleicher Schulterdrehung, um so größer wird, je geringer die Hüfte gedreht wird. Ungeübte weichen dieser Körperspannung häufig aus. Sie drehen entweder die Schultern zuwenig oder die Hüften zuviel, was meist daran zu erkennen ist, daß dabei der linke Fuß weit vom Boden abgehoben wird. Der Kopf befindet sich bei komplett aufgedrehtem Körper nun etwa einen halben Kopf weiter rechts im Vergleich zur Ansprechposition. Die meisten Golfer können sich die Rotation um ihre Wirbelsäule, die ja nicht in der Mitte des Körpers liegt, nur schwer vorstellen; folgender Erklärungsversuch hat sich aber bewährt:

Statt einer Achse, die durch die Mitte des Körpers verläuft und damit jede seitliche Bewegung des Kopfes ausschließt, stellen wir uns nun zwei vor: eine Ausholachse und eine Durchschwungachse. Beide verlaufen innerhalb der Hüftknochen; beim Ausholen dreht man sich um die rechte und beim Durchschwung um die linke Achse. Bewegt man sich außerhalb einer der beiden Achsen, so wird die seitliche Bewegung zu stark.

Beim Ausholen muß man allerdings darauf achten, daß man sich nur mit dem Oberkörper seitlich bewegt. Die untere Körperhälfte, insbesondere das rechte Bein, wird beim Ausholen nicht nach rechts bewegt. Es dient vielmehr als Stütze für den Oberkörper,

genau wie beim Werfen eines Schlagballes. Auch beim Golfspielen baut sich beim Ausholen im hinteren Teil der Oberschenkelmuskulatur des rechten Beines eine Spannung auf, die sozusagen einen Teil der Energie speichert, die beim Abschwung freigesetzt wird.

Der Schläger zeigt im höchsten Punkt des Schwunges, wenn er sich parallel zum Boden befindet, genau in Richtung Ziel. Die ursprüngliche Körperhaltung hat sich nicht verändert. Der linke Arm ist parallel zur ursprünglichen Schlägerebene (o.). Die Schultern haben sich nun im Vergleich zur Ansprechposition um 90° gedreht, und der Kopf hat sich etwa einen halben Kopf nach rechts bewegt (l.)

Entsprechend dem Anlauf beim Weitsprung gibt es auch beim Golf einen optimalen „Anlaufweg". Die *Länge der Ausholbewegung* ist dabei jedoch von untergeordneter Bedeutung, wichtig ist die Geschwindigkeit des Schlägerkopfes im Treffmoment. Um beim Vergleich mit dem Weitsprung zu bleiben: Ein Anlauf aus einer Distanz von 100 Metern wird einem Weitspringer keinen Vorteil bringen, denn die Absprunggeschwindigkeit wird durch die maximale Verlängerung des Anlaufweges nicht höher. Ebenso verhält es

Der Schlägerkopf bewegt sich in einer Schräge, die im ersten Teil dem Lie des Schlägers entspricht und dann etwas steiler wird. Aushol- und Abschwungweg sind nahezu identisch. Die Hände (genauer: das Griffende und nicht die Arme) bewegen sich auf einer sehr steilen Ebene, da sie sich im Verlauf der Ausholbewegung nur geringfügig in die Tiefe bewegen

sich beim Golf: Die Schlägerkopfgeschwindigkeit erhöht sich nicht, wenn der Spieler so weit wie möglich ausholt.

Den optimalen Ausholweg muß jeder Golfer für sich selbst herausfinden, denn er hängt hauptsächlich davon ab, wie stark der Schläger von Beginn des Abschwungs an beschleunigt wird. Je größer die Anfangsbeschleunigung ist, desto kürzer sollte der Ausholweg sein und umgekehrt. Eine durchschnittliche Ausholbewegung endet etwa an dem Punkt, an dem der Schlägerschaft einen Kreisbogen von circa 270° überstrichen hat. Dies gilt für längere Eisen und Hölzer. Bei kürzeren Schlägern ist auch die Ausholbewegung etwas kürzer, bei einem vollen

Schwung mit einem Wedge beispielsweise überstreicht der Schläger etwa 225°.
Viele Golfer glauben, all ihre Probleme mit dem Schwung durch eine langsame und kurze Ausholbewegung lösen zu können. Sicher vereinfacht dies den Schwung, lassen sich etwaige Fehler im Bewegungsablauf besser kompensieren, doch sollte es immer das Ziel sein, einen korrekten Bewegungsablauf zu erlernen, bei dem die Geschwindigkeit der Bewegungsausführung dann eher nebensächlich ist.
Über die *Haltung des linken Armes* beim Ausholen wird häufig diskutiert. Ich habe bereits vorher gesagt, daß der linke Arm in der Ansprechposition lang und entspannt

Der Gary Player Country Club in Sun City präsentiert einen Golfplatz, bei dem das Gelände den Golflöchern angepaßt wurde und nicht umgekehrt. Sogar der See ist künstlich

herunterhängt, und so bleibt er auch während des Schwunges. Er wird beim Ausholen weder kürzer noch länger, da beides ein Ausgleichen beim Abschwung erfordern würde. Falsch wäre es, den linken Arm bewußt zu fixieren, um so einer Längenveränderung vorzubeugen. Sollte der Arm beim Ausholen aber im Ellenbogengelenk ein klein wenig einknicken, so ist dies nicht so tragisch wie ein unnatürliches Abstrecken, da die Zentrifugalkraft beim Abschwung sowieso dafür sorgt, daß der Arm nach unten hin wieder lang wird (der Schläger zieht beim Abschwung mit einer Kraft die etwa 40 Kilogramm entspricht, an Ihren Armen). Im höchsten Punkt des Ausholens, dem *oberen Totpunkt*, sind noch weitere Details zu beobachten:

1. Der Golfer hat die Winkelstellung von Hüfte und Knie beibehalten, von denen bei der Ansprechposition die Rede war. Dies bedeutet, daß er weder größer noch kleiner geworden ist. Da das Drehen des Körpers eine Spannung verursacht, neigen viele Spieler dazu, ihr auszuweichen und während der Ausholbewegung größer zu werden. Dies erfordert aber ein Ausgleichen in der Vorwärtsbewegung, was die Wiederholbarkeit erschwert.

2. Die Hände bilden zusammen mit den beiden Ellenbogengelenken ein ungefähr gleichseitiges Dreieck. Der linke Arm befindet sich dabei parallel zur Schlägerebene, der rechte Oberarm parallel zum Boden und der rechte Unterarm parallel zur Wirbelsäule. Der Winkel zwischen rechtem Oberarm und Schultergürtel beträgt jetzt etwa 135°, und er sollte keinesfalls größer werden, da sich die Arme sonst zu stark vom Körper lösen (Beispiel: Fred Couples).

Schlägerkopf und Hände beschreiben in der Ausholbewegung einen weiteren Bogen als im Abschwung

3. Der Schlägerkopf ist aus der seitlichen Perspektive zwischen den Händen und dem Kopf zu sehen. Er sollte auch hier wieder parallel zum Boden und zur Ziellinie liegen. Erreicht der Schläger 270° nicht, so muß der Schaft etwas links vom Ziel zeigen; geht er über die Horizontale hinaus, so muß der Schaft entsprechend weit rechts vom Ziel zeigen, um sich auf der richtigen Ebene zu befinden. Die vordere untere Kante des Schlägers (Leading-Edge) ist immer noch parallel zum linken Unterarm. Weist das Schlägerblatt in dieser Position in die Luft, so ist es zu geschlossen; zeigt es nach vorne, ist es zu offen.

In beiden Fällen sollten der Griff, die Beugung des Handgelenks (in Richtung Handrücken beziehungsweise -fläche) und die Armebene überprüft werden, da hier meist die Gründe für ein unneutrales Schlägerblatt zu finden sind.

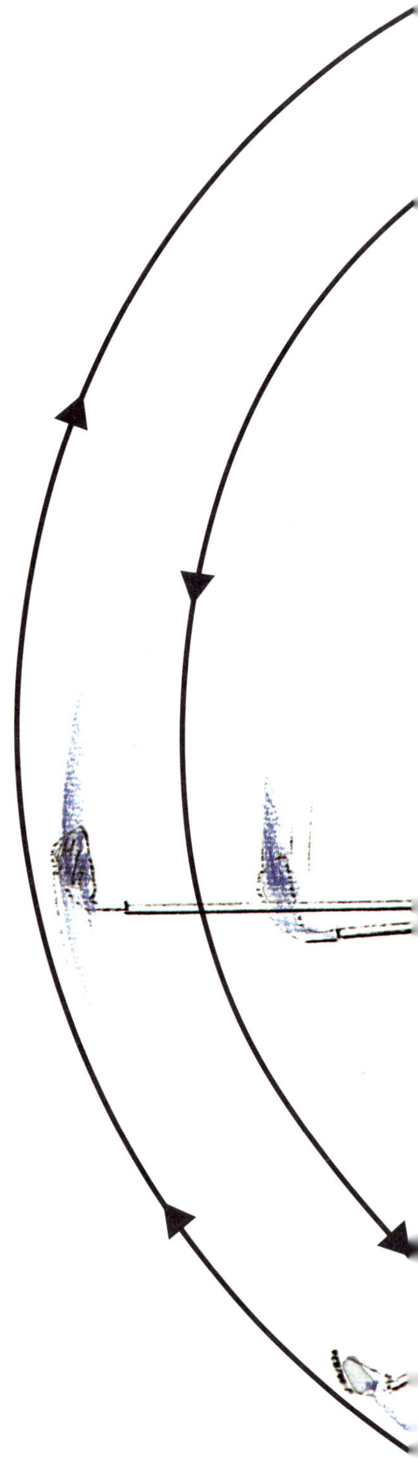

4. Die Schulterachse bildet mit der Wirbelsäule einen rechten Winkel. Dies bedeutet, daß die linke Schulter im Verlauf der Ausholbewegung automatisch nach unten und die rechte Schulter nach oben bewegt wurde. Ein häufig zu beobachtender Fehler ist das sogenannte Schulterkippen (Beispiel: Steven Richardson). Dabei wird die linke Schulter zu weit nach unten gesenkt, und somit nicht mehr senkrecht zur ursprünglichen Neigung der Wirbelsäule in der Ansprechposition. Golfspieler sollten sich deshalb nicht darauf konzentrieren, die linke Schulter unter das Kinn zu drehen, da dies meist zu einer kippenden Bewegung führt. Bleibt der Spieler während der Drehung in der richtigen Haltung, kommt die linke Schulter von selbst genügend nach unten, da sich der Oberkörper in einer Schräglage befindet. Ist die Haltung in bezug auf Arm- und Schulterebene korrekt, stehen die Arme etwas steiler als die Schultern. (Ein Golfer mit einer zu steilen Armebene ist Andy Bean; Ken Brown hat dagegen eine zu flache Armebene.)

5. Bei weitem nicht so wichtig wie meist geglaubt ist die Position des Absatzes des linken Fußes während der Ausholbewegung. Ob er den Boden verläßt, hängt von der Länge des Ausholens und der Beweglichkeit des einzelnen ab. Ist letztere sehr gut und/oder holt man wenig aus, so kann der Absatz am Boden bleiben. Es ist aber auch nicht falsch, wenn der Absatz leicht vom Boden abhebt. Man sollte aber in jedem Fall darauf achten, daß das linke Knie, vom Spieler aus gesehen, nach rechts vorne einknickt und nicht nur nach vorne schnellt, was meist passiert, wenn eine fehlerhafte Bewegung der unteren Körperpartie (sie bewegt sich beispielsweise im Verlauf des Ausholens nach links) oder eine Kippbewegung der Schultern vorliegt.

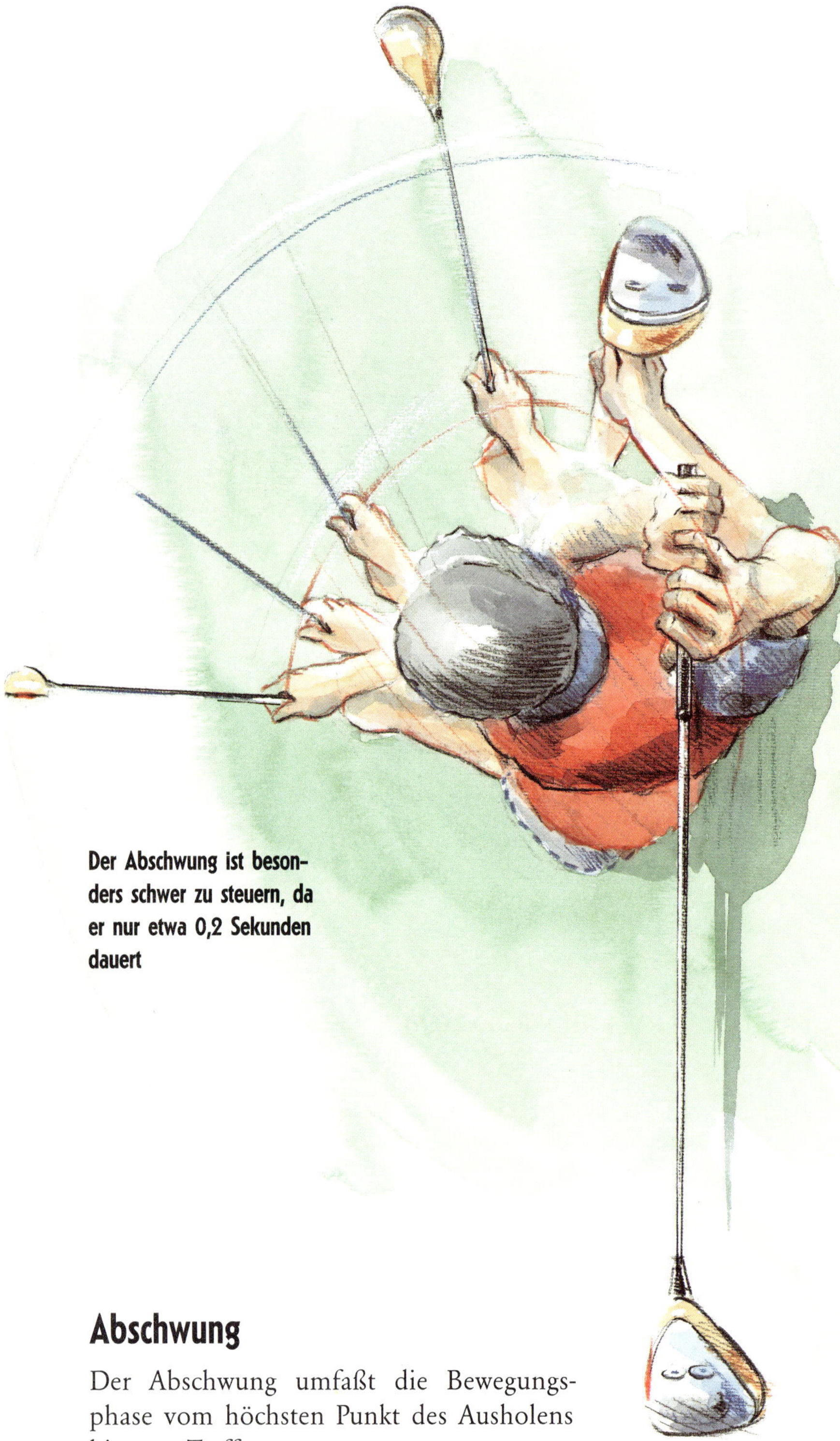

Der Abschwung ist besonders schwer zu steuern, da er nur etwa 0,2 Sekunden dauert

Abschwung

Der Abschwung umfaßt die Bewegungsphase vom höchsten Punkt des Ausholens bis zum Treffmoment.

Als erstes muß man dabei wissen, daß er keine symmetrische Umkehrung der Ausholbewegung ist, da sich zum einen der Treffmoment deutlich von der Ansprechposition unterscheidet, zum anderen ebenso die zeitliche Gliederung der Einzelbewegungen differiert.

Ausholen und Abschwung lassen sich andererseits auch nicht völlig voneinander trennen, da es, genau wie beim Werfen eines Schlagballes, keine Pause zwischen beiden Phasen gibt (tatsächlich gibt es sogar einen Moment, in dem der Schläger noch zurückschwingt und sich der untere Teil des Körpers schon in Richtung Ziel bewegt).

Die vier fundamentalen Bewegungen der Ausholbewegungen kommen auch beim Abschwung, aber in umgekehrter Richtung, zum Tragen. Dabei hilft allerdings die Zentrifugalkraft mit, indem sie das Auflösen des Handgelenkwinkels (Ulnarflexion) und das Drehen der Unterarme unterstützt, so daß man sich im allgemeinen nicht bewußt um diese beiden Bewegungen kümmern muß. Bleiben noch die Drehung des Körpers und das Wiederherstellen des Kontaktes zwischen Armen und Körper.

Beim Ausholen folgt die untere Körperhälfte der Bewegung des Oberkörpers; beim Abschwung ist es umgekehrt.

Abschnitt 5

Der erste Teil des Abschwungs ist eine gleichzeitige Bewegung von linkem Knie, linker Hüfte und Armen. Das linke Knie und die linke Hüfte bewegen sich nach links in Richtung Ziel, während sich die Hände nach unten in Richtung ihrer Treffmomentposition bewegen. Kurz nach dieser auslösenden, seitlichen Bewegung der unteren Körperpartie beginnt diese, sich zu drehen. Das wiederum führt dazu, daß sich auch der Oberkörper zurückdreht. Die Schultern holen die Hüften, was die Drehung betrifft, jedoch erst nach dem Treffmoment ein. Deshalb kippt der Oberkörper im Abschwung von vorne gesehen etwas nach rechts.

Das führt dazu, daß sich die rechte Schulter im Verhältnis zur linken immer etwas tiefer als in vergleichbaren Positionen beim Ausholen befindet.

Die Bewegung der Hände nach unten (nach außen geraten die Hände durch die Zentrifugalkraft von alleine) sorgt dafür, daß die Arme wieder etwas engeren Kontakt zum Körper bekommen. Dabei ist zu beachten, daß sich der Abstand der Hände zur rechten Schulter kontinuierlich vergrößert. Bei fast allen Golfern mit Pull- oder Slice-Problemen vergrößert sich dieser Abstand im ersten Teil des Abschwungs viel zu langsam. Durch die Trägheit des Schlägerkopfes, der den größten Teil des Gewichtes des Schlägers ausmacht, wird in der ersten Phase des Abschwungs der Winkel zwischen linkem Arm und Schläger aus der frontalen Perspektive kleiner. Das späte Schlagen, das bei allen Schwüngen von Spitzenspielern zu erkennen ist, kann vom Durchschnittsgolfer aber in dieser Form nicht übernommen werden, da das rechtzeitige Auflösen des Winkels zwischen linkem Unterarm und dem Schlägerschaft aus dieser Position sehr viel Kraft und Koordination erfordert. Die Kunst des Abschwungs besteht darin, die Bewegungen des Körpers auf der einen und die der Arme, Hände und des Schlägers auf der anderen Seite zu koordinieren. Der spielstarke Golfer hat eher mit zu schnellen Bewegungen von Händen und Armen zu kämpfen, die das Schlägerblatt häufig zu früh schließen und die Bälle nach links abdrehen lassen, der spielschwächere damit, daß er mit seinen Händen der schnellen Bewegung des Körpers, speziell des Oberkörpers, meist nicht folgen kann.

Das Schlägerblatt kommt im Treffmoment dann noch offen an den Ball, so daß der meist nach rechts abdreht. Für diesen Spieler wäre es deshalb völlig verkehrt, das Zuschlagen (Auflösen des Winkels zwischen Schläger und Armen) zu verzögern.

In der folgenden Phase des Abschwunges befindet sich der rechte Ellenbogen erheblich tiefer als der linke und demzufolge der Schläger nun in der richtigen, etwas flacheren Ebene im Vergleich zum Ausholen. Die Ursache hierfür liegt ebenfalls in dem leichten „Nach-rechts-Kippen“ des Oberkörpers, das durch das Vorauseilen des Unterkörpers hervorgerufen wurde. Diese Position ist die Voraussetzung dafür, daß der Schläger von innen an den Ball kommt und nicht vor dem Treffen des Balles außerhalb der Ziellinie gerät, wie es bei allen „Pull-Slicern“ der Fall ist.

Die Hüften sind nun schon fast parallel zur Ziellinie, und das Gewicht befindet sich noch überwiegend auf dem rechten Fuß. Wenn der Golfer seinen Abschwung so begonnen hat, ergeben sich die nun folgenden Abschnitte fast von alleine.

Der Abstand der Hände zur rechten Schulter hat sich im Vergleich zum oberen Totpunkt vergrößert. Der Winkel zwischen linkem Handgelenk und Unterarm löst sich wieder auf

Das Griffende zeigt auf die Ziellinie. Die Hände befinden sich noch leicht über der ursprünglichen Schlägerebene

Der Schlägerschaft ist nun wieder parallel zum Boden und zur Ziellinie und befindet sich auf der ursprünglichen Schlägerebene. Die Schultern sind immer noch weniger zurückgedreht als die Hüften und zeigen noch leicht rechts vom Ziel. Der Oberkörper befindet sich nun schon fast wieder in derselben Lage wie bei der Ansprechposition

Abschnitt 6

In diesem Abschnitt dreht die untere Körperhälfte weiter, der Oberkörper folgt. Der Schultergürtel befindet sich nun schon fast parallel zur Ziellinie.

Jetzt verändert sich auch die Winkelstellung im rechten Ellenbogengelenk, so daß sich der Abstand zwischen den Händen und der rechten Schulter weiter vergrößert. Der Schläger befindet sich nun, entsprechend der Position beim Ausholen, parallel zur Ziellinie und zum Boden. Wenn der Schläger hier zu steil oder zu flach ist, so wird er von außen nach innen beziehungsweise von innen nach außen durch den Ball schwingen.

Abschnitt 7

In der Phase kurz vor dem Treffmoment werden die Handgelenke zur Kleinfingerseite abgewinkelt (Ulnarflexion) und die Unterarme gegen den Uhrzeigersinn zurückgedreht.

Der Schultergürtel zeigt im Treffmoment aus der seitlichen Ansicht zwischen 0° (Handicapgolfer) und 15° (Spitzengolfer) links vom Ziel. Der Grund für diesen Unterschied wurde schon erwähnt: Der Handicapgolfer, der eher mit einem Slice zu kämpfen hat, muß darauf achten, daß seine Arme, Hände und der Schläger früh genug nach vorne kommen. Der spielstarke Golfer, der in der Regel gegen einen Hook ankämpft, muß sich darauf konzentrieren, seinen Körper schnell genug zu drehen.

Aus der frontalen Ansicht lassen sich nun einige Unterschiede des Treffmoments zur Ansprechposition feststellen:

Der Oberkörper ist leicht nach rechts gekippt (da der Kopf sich an derselben Stelle befindet wie bei der Ansprechposition), und die untere Körperhälfte befindet sich durch die Drehung und die seitliche Bewegung im Vergleich zur Ansprechposition weiter links. Der linke Handrücken und der Unterarm befinden sich nun in einer Linie. Die dazu notwendige Beugung des linken Handgelenks in Richtung Handfläche hat im letzten Teil des Schwunges stattgefunden, was damit zusammenhängt, daß sich die Hände, anders als beim Ansprechen, vom Ziel aus gesehen, vor dem Ball befinden. Hierdurch ist es möglich, daß der Schläger durch den Ball hindurch nach unten schwingt.

In diesem Teil des Schwunges muß alles von alleine geschehen, das heißt, auf den Schläger dürfen keine bewußt eingesetzten Kräfte mehr einwirken, da er sonst nur verlangsamt würde. Dies kann man sich etwa so vorstellen: Das Laufrad eines umgedrehten Fahrrades soll durch Anstoßen auf maximale Geschwindigkeit gebracht werden. Es erfolgt

ein gewisser Kraftimpuls; nach diesem kann das Rad durch weitere Krafteinwirkung nicht weiter beschleunigt werden – im Gegenteil. Dieses Prinzip wird *Free-Wheeling* genannt.
Wissenschaftliche Untersuchungen haben gezeigt, daß die Geschwindigkeit der Hände im zweiten Teil des Abschwunges (genauer gesagt: ab dem Moment, wo sich der Winkel zwischen linkem Arm und Schläger von vorn gesehen wieder vergrößert) abnehmen muß, damit die Schlägerkopfgeschwindigkeit maximiert wird.
Dies widerlegt eindeutig den weitverbreiteten Gedanken, der Krafteinsatz beim Abschwung müsse von Beginn des Abschwungs bis zum Treffmoment stetig gesteigert werden oder gar erst im zweiten Teil des Abschwungs einsetzen.

**Die Hände befinden sich im Treffmoment leicht vor dem Ball, der Kopf ist wieder an der ursprünglichen Stelle (r.).
Im Treffmoment kehrt der Schläger in seine ursprüngliche Position zurück. Die Hüften zeigen etwas links vom Ziel; die Schultern genau zum Ziel (o.)**

Da ich in meinem Unterricht immer wieder feststelle, daß es den wenigsten Golfern klar ist, wie der Ball in die Luft fliegt, sei das Prinzip hier noch einmal erklärt.
Anders als beispielsweise beim Hockey, bei dem die Schläger nicht mit Loft versehen sind, muß der Golfspieler keine spezielle Technik anwenden, um den Ball in die Luft zu bekommen. Er muß also den Ball nicht in die Luft „löffeln", das heißt, er muß nicht dafür sorgen, daß sich sein Schläger im Treffmoment nach oben bewegt und die Hände sich hinter dem Ball befinden, um so künstlich eine Schräge des Schlägers zu erzeugen. Das liegt daran, daß die Schlagflächen seiner Schläger bereits zwischen 11° und 60° angeschrägt sind.
Beim Golf bewegt sich der Schläger bei einem korrekten Schlag sogar nach unten, da hierdurch das saubere Treffen, besonders bei schlechten Lagen, erheblich vereinfacht wird. Ein Golfspieler braucht nicht mit seinem Schläger unter den Ball zu kommen, sondern er schlägt von oben nach unten durch den Ball. Da das meist nicht allen klar ist, ist diese fehlerhafte Schaufelbewegung, besonders bei hohen kurzen Annäherungsschlägen, weit verbreitet.
Dieses Prinzip des „Nach-unten-Schlagens" trifft für alle Golfschläger mit Ausnahme der Hölzer beim Abschlag vom Tee sowie den Putter zu.
Die generelle Abwärtsbewegung des Schlägers führt, abhängig von der Lage des Balles, zu verschiedenen Divots, die nach dem Treffen des Balles vom Schläger aus dem Rasen herausgeschlagen werden. Je weiter rechts der Ball liegt, je kürzer der Schläger also ist, desto tiefer wird das Divot sein. Bei langen Eisen und Hölzern bürstet der Schläger aufgrund der Ballage nur noch das Gras.
Bei Fernsehübertragungen wundern sich viele über die großen Divots, die dort von den Pros herausgeschlagen werden. Auch wenn ein tiefes Divot nicht den Idealfall dar-

Bei einem Schlag mit einem Eisen bewegt sich der Schlägerkopf durch den Ball nach unten, wobei er erst den Ball trifft und anschließend ein Divot herausschlägt

stellt, so ist es doch auf jeden Fall besser als gar keines.
Achten Sie beim nächsten Zusehen einmal darauf, wie die Bälle reagieren, bei denen viel Gras mit herausgeschlagen wurde. Sie bleiben nach dem Landen meist sofort liegen, und manchmal rollen sie sogar zurück. Der vertikale Eintreffwinkel ist zwar nicht der einzige Faktor – Ausrüstung (Schläger und Ball) und Schlägerkopfgeschwindigkeit sind neben einem sauberen Treffer ebenfalls mit entscheidend –, jedoch bestimmt er zusammen mit dem Loft des Schlägers zu einem Großteil, wie schnell sich der Ball rückwärts dreht.
Dieser Rückwärtsdrall sorgt nicht nur für ein schnelles Stoppen des Balles nach dem Aufprall, sondern läßt den Ball auch unempfindlicher auf Seitwärtsdrall werden und verleiht ihm einen stabilen Flug mit einer optimalen Flugkurve.
Wie erreicht man nun einen Schlag nach unten? Wenn der Schläger im richtigen Maße von innen an den Ball kommt (ein Schläger, der zu stark von innen an den Ball kommt, wird kaum von oben nach unten durch den Ball schwingen können) und Sie nicht versuchen, dem Ball durch eine Löffelbewegung in die Luft zu helfen, werden sich die Hände im Treffmoment automatisch vor dem Ball befinden, und der Schläger wird nach unten schwingen.
Unmöglich wird der Schlag nach unten allerdings auch dann, wenn sich das Gewicht im Treffmoment und im Durchschwung zu weit rechts befindet.

Durchschwung

Der Durchschwung ist die Phase vom Treffmoment bis zur Endstellung.
Es mag für Sie vielleicht unsinnig erscheinen, etwas über Dinge zu erfahren, die nach dem Treffen des Balles geschehen, da diese, so könnte man annehmen, keinen Einfluß mehr auf den Ball haben können. Das ist

nicht richtig, da sich zum Beispiel die Endstellung auch auf den Abschwung auswirken wird. Jeder kann das leicht selbst überprüfen, indem er ein paar Schläge macht, bei denen er in eine für ihn ungewöhnliche Endstellung schwingt. Sie werden feststellen, daß sich die gesamte Vorwärtsbewegung (Ab- und Durchschwung) dadurch verändert und daß dies auch Auswirkungen auf den Ballflug hat. Ein großer Vorteil bei Veränderungen von Durchschwung und Endstellung besteht darin, daß sie im Vergleich zu Änderungen beim Ausholen und besonders beim Abschwung relativ einfach auszuführen sind.

Jedoch darf man sich nicht darüber hinwegtäuschen, daß die meisten Abweichungen im Durchschwung auf Fehler in der Ausholbewegung, in der Haltung und im Stand oder sogar im Griff zurückzuführen sind. Hier muß zuerst die Ursache beseitigt werden, und dann wird sich der Durchschwung meist von alleine verbessern.

Sie sollten auf keinen Fall versuchen, den Ball durch ein Beeinflussen des Schlägers während und nach der Treffmomentphase zum Ziel zu steuern. Dies widerspricht wie gesagt dem Prinzip des Free-Wheelings, verlangsamt den Schläger vor dem Treffmoment und führt sowieso nur selten zu dem gewünschten Resultat.

Beim Durchschwung läßt man den Schwung des Schlägers auslaufen, sprich: ohne die Bewegung frühzeitig abzustoppen

Der Schläger befindet sich immer noch in der ursprünglichen Schräge, da die Unterarme während der Treffmomentphase nicht bewußt rotiert wurden

Abschnitt 8

Käme dem Schläger der Ball nicht in den Weg, so befände sich der Punkt der größten Schlägerkopfgeschwindigkeit aus der Sicht des Spielers links vom (also nach dem) Treffmoment. Dieser Punkt ist dann erreicht, wenn beide Arme gestreckt sind.
Der linke Arm und der Schläger bilden aus der frontalen Perspektive gesehen eine Linie. Nun erst hat sich also der Winkel zwischen linkem Arm und Schlägerschaft von vorne gesehen aufgelöst.
Da sich der Schlägerschaft aus der seitlichen Perspektive auf der ursprünglichen Schlägerebene befindet, sind die Hände wie in Abschnitt 1 wieder innerhalb (auf der linken Seite) des Schlägerkopfes.

Abschnitt 9

In diesem Abschnitt ist das Griffende dem Boden näher als das Kopfende des Schlägers, so daß letztgenanntes auf die Ziellinie zeigt. Der Oberkörper hat nun den Unterkörper, was die Drehung betrifft, erreicht. Die Gürtelschnalle sowie das Brustbein zeigen nun leicht rechts vom Ziel. Der rechte Arm befindet sich parallel zum Boden.

Linker Arm und Schlägerschaft befinden sich genau in einer Linie. Der Kopf wird gedreht, um dem Ball hinterhersehen zu können

Der linke Ellenbogen wird nun angewinkelt entsprechend zur Ausholbewegung, denn während dort der linke Arm lang bleibt und der rechte Ellenbogen abgewinkelt wird, wird beim Durchschwung der rechte Arm lang gelassen und der linke gebeugt.
Der Körper befindet sich hier schon vollständig in seiner linken Achse, das Gewicht vollständig auf der Außenseite des linken Fußes. Der Kopf hat sich in Abschnitt 9 bereits mitgedreht, so daß der Golfer den Ball nun wieder sehen kann. Es ist kein Vorteil, die Augen so lange wie möglich auf den Punkt zu fixieren, an dem der Ball gelegen hat, im Gegenteil. Es ist unmöglich, einen freien und weit auslaufenden Durchschwung auszuführen, wenn der Kopf unnötig lange „unten gelassen wird". Die Angst, durch ein zu frühes Nachschauen den Ball zu toppen, ist meines Erachtens unbegründet; ich habe bis heute noch keinen Golfspieler gesehen, der das tatsächlich macht. Darüber hinaus sind viele Überbelastungen der Wirbelsäule auch auf ein zu langes „Untenlassen" des Kopfes zurückzuführen. Auch wenn der Kopf sich nach dem Treffen des Balles schon gedreht hat, so befindet sich der Körper aus der seitlichen Perspektive gesehen immer noch in seiner ursprünglichen Neigung. Der Kopf hat sich also bis hierhin nicht nach oben bewegt. Um den Rücken zu entlasten wird jedoch im weiteren Verlauf auch diese Oberkörperneigung aufgelöst.

Abschnitt 10

Im letzten Abschnitt des Schwungs läßt der Golfer einfach die Geschwindigkeit des Schlägers und der Arme auslaufen. Dabei dreht sich der Körper so weit, daß die Gürtelschnalle nun schon leicht links vom Ziel zeigt und die rechte Schulter dem Ziel näher ist als die linke. Der Oberkörper ist fast völlig aufgerichtet. In nebenstehender Abbildung steht der Spieler völlig gerade, leider noch viel zu häufig wird in dieser Phase von

Golflehrern und in der einschlägigen Literatur eine Körperposition gefordert, bei der der Oberkörper weiter zurück gebeugt wird. Dies wirkt zwar auf das ungeübte Auge sehr athletisch, sorgt aber leider dafür, daß sich der Schläger in der Treffmomentphase nicht genügend nach unten bewegt und zudem eine wirbelsäulenschädigende Hohlkreuzposition (Reverse C) eingenommen wird.
Der rechte Arm ist aus der seitlichen Perspektive gesehen parallel zur ursprünglichen Schlägerebene. Die Hände befinden sich links neben dem Kopf, und der Schläger zeigt, da der Oberkörper sich leicht aufgerichtet hat, auf einen Punkt außerhalb der Ziellinie.
Linker Handrücken und Unterarm befinden sich seit den letzten beiden Abschnitten wieder in gleicher Position zueinander wie beim Ansprechen.
Der rechte Fuß berührt aufgrund der Unterkörperdrehung nur noch mit der Spitze den Boden; der linke Fuß hat nur noch mit der Hacke und der linken Außenseite Bodenkontakt. Beide Knie stehen dicht beisammen.

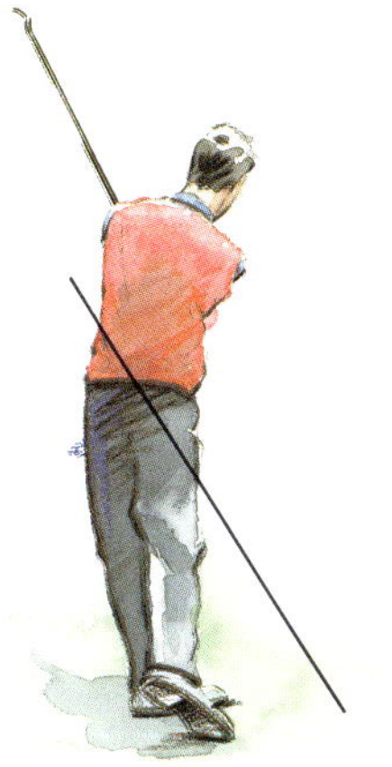

Das Griffende zeigt wieder auf die Ziellinie. Die Hände befinden sich leicht über der ursprünglichen Schlägerebene. Um den Rücken zu entlasten, steht man nun wieder fast gerade

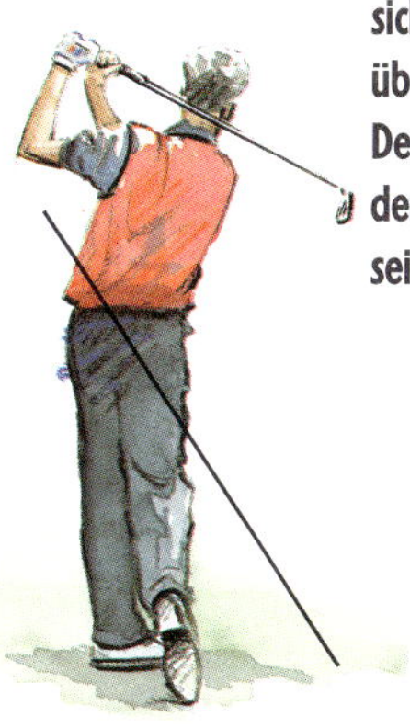

Ober- und Unterkörper sind nun im gleichen Maße gedreht. Der Blick ist auf den Ball gerichtet. Der Oberkörper befindet sich nun genau senkrecht über dem rechten Bein. Der rechte Fuß berührt den Boden nur noch mit seiner Spitze

Erlernen des Schwunges

Vielleicht erscheint einigen Lesern der Text in diesem Kapitel übertrieben analytisch und mit zu vielen biomechanischen Details versehen. Menschen sind schließlich keine Roboter, die mit 100prozentiger Genauigkeit bestimmte Winkel und Positionen erzeugen können, werden Sie sagen. Da unser Anspruch auch nicht darin besteht, die Bälle wie „Iron Byron“ (siehe Glossar) auf Zentimeter genau zu plazieren, können wir uns Abweichungen erlauben. Die angegebenen Positionen stellen nur Richtlinien dar. Sie sollten aber dabei nicht vergessen, daß sich Golfschläger und Ball einzig nach den Gesetzen der Mechanik richten und grobe Verstöße dagegen Konsequenzen haben.

Viele Golfer scheitern daran, einen korrekten Golfschwung zu erlernen, weil sie sich durch die zwangsläufig auftretenden schlechten Schläge bei Schwungveränderungen abschrecken lassen und daraus schließen, daß die jeweilige Korrektur nicht richtig war.

Es ist völlig falsch, wenn man annimmt, man habe bei jedem guten Schlag automatisch einen guten Schwung gemacht, und einen fehlerhaften bei jedem schlechten Schlag. So können sich in dem einen Fall zwei Fehler ausgeglichen haben und in dem anderen Fall war der Schwung eventuell richtig und eine vorher notwendige Ausgleichsbewegung völlig überflüssig. Sie sollten also zu Beginn der Veränderungsphase etwas weniger Wert auf gute Bälle legen, sich dafür aber mehr um eine korrekte Ausführung des Schwunges kümmern.

Bernhard Langer demonstriert hier eine sehr gute Position am Ende der Ausholbewegung: ...

... Die Körperwinkel haben sich nicht verändert, die Arme sind etwas steiler als die Schultern, und der Schläger zeigt auf die Ziellinie

Prinzip der Übertreibung

In meinem Unterricht stoße ich täglich auf folgendes Phänomen: Mein Golfschüler hat ein Problem bei der Videoanalyse erkannt und verstanden und ist auch bereit, es zu beseitigen. Nach den ersten Versuchen glaubt er, bereits eine komplett neue Bewegung zu machen, und ist ganz erstaunt, wenn ich ihm sage, daß sich der Schwung mit bloßem Auge nicht von dem alten unterscheiden lasse.

Ein Beispiel soll Ihnen zeigen, daß man sich auf sein Gefühl nicht unbedingt verlassen kann:

Stellen Sie sich vor, Sie rasen ohne jede Störung mit Ihrem Auto längere Zeit mit 180 km/h auf der Autobahn entlang. Nun kommt eine Baustelle, in der die Geschwindigkeit auf 80 km/h beschränkt ist. Diese 80 km/h kommen Ihnen jetzt unglaublich langsam vor.

In einem anderen Fall befinden Sie sich in der Stadt in einem Stau, in dem es nur sehr langsam vorangeht (20 km/h). Nach einiger Zeit biegen Sie in eine Bundesstraße ein und beschleunigen auf 80 km/h. Das kommt Ihnen nun recht schnell vor, obwohl sie sich nicht von der „langsamen" Geschwindigkeit im ersten Fall unterscheidet.

Ebenso verhält es sich beim Golf: Haben Sie eine Zeitlang zu flach ausgeholt, so wird Ihnen nun ein normales Ausholen extrem steil vorkommen. War Ihr Schwung vorher zu steil, so werden Sie bei einem neutralen Schwung das Gefühl haben, extrem flach zu schwingen.

Da den meisten Golfern dieses Phänomen aber nicht bewußt ist, machen sie meist zu kleine Schritte in die richtige Richtung.

Ein Satz, den meine Schüler häufig von mir hören, lautet daher: „Führen Sie meine Korrekturen so aus, daß Sie das Gefühl haben zu übertreiben!"

Nachdem der Schüler nach einiger Zeit mehrere Schwünge macht, von denen er meint, daß er sie maßlos übertrieben hat, muß er bei der Videokontrolle meist feststellen, daß ihn sein Gefühl wieder getäuscht hat, sein Schwung gerade mal richtig ist.

Dieses Prinzip des Übertreibens kann nicht überbetont werden. Glauben Sie nicht, daß Sie eine Ausnahme bilden.

Verlassen Sie sich nicht auf Ihr Gefühl, sondern ziehen Sie einen Golflehrer, eine Videokamera, einen Spiegel oder einen Freund zu Rate.

Sobald Sie dieses Prinzip begriffen haben und anwenden, steht einer schnellen und erfolgreichen Schwungveränderung nichts mehr im Wege.

SCHWUNG

- Um den Schläger in die richtige Position am Ende des Ausholens zu bringen, werden 4 Grundbewegungen durchgeführt: Körperdrehung, Abwinkeln der Handgelenke, Unterarmrotation und Lösen der Arme vom Körper. – Beim Abschwung dagegen bewußt nur zwei: Umkehrung des Lösens der Arme vom Körper und die Drehung des Körpers nach links (Hüftdrehung und Armschwung nach unten).
- Der Schläger soll zu jeder Zeit mit einem Ende auf die Ziellinie zeigen. Befindet er sich parallel zum Boden, soll er parallel zur Ziellinie sein.
- Der Körper dreht sich in der Ansprechhaltung um die Wirbelsäule.
- Beim Ausholen folgt die untere Körperhälfte der Drehung des Oberkörpers, beim Abschwung ist es umgekehrt.

Roon The Ben, Bruce's Castle, Lang Whang, Ca Canny – ungewöhnliche Namen für außergewöhnliche Spielbahnen des Ailsa-Kurses, eines typischen Links-Meisterschaftsplatzes, in Turnberry an der schottischen Westküste. Auf ihm wurden bisher dreimal die British-Open ausgetragen. Der im Hintergrund sichtbare Leuchtturm ist Wahrzeichen des Platzes und Bestandteil des Clubwappens

FEHLER UND KORREKTUREN

Um zu erkennen, wie Ihr Treffmoment vom idealen abweicht, müssen Sie den Ballflug analysieren und interpretieren können. Erst dann kann man Rückschlüsse auf die Bewegung ziehen

Jetzt wissen Sie zwar, wie der ideale Golfschwung aussehen muß, sind aber in vielen Fällen nicht in der Lage herauszufinden, in welchen Phasen der Bewegung Ihre Technik von der Idealform abweicht.

Für den Wochenendgolfer kann der perfekte Golfschwung, der jedem Druck standhält, auch nicht das Ziel sein. Hier reicht eine Bewegung, die den Grundregeln entspricht und die zu konstanten Leistungen verhilft.

Meist plagt Golfer aber ein ganz konkretes Problem: Der Ball dreht beispielsweise dauernd nach rechts, die Hölzer werden häufig unterschlagen, die Eisen oft getoppt etc. Dieses Kapitel soll helfen, Ihre Probleme zu lösen.

Dazu müssen Sie allerdings erst einmal Ihren Ballflug analysieren. Es ist nicht damit getan, dem Golflehrer zu sagen, daß „nichts mehr geht". Auf die Frage, was genau das Problem sei, hört man dann die Antwort: „Ich treffe einfach keinen Ball." Mit dieser Information ist dem Golflehrer genauso wenig geholfen wie dem Arzt, der von seinem Patienten lediglich hört, daß es ihm schlecht gehe.

Wenn Sie Ihr Problem alleine lösen wollen, was durchaus möglich ist, müssen Sie genau erkennen können, was Ihr Ball macht, denn das ist neben dem Divot das einzige, was Sie sehen können.

Golfspieler neigen beim Üben dazu, sich nach einem mißlungenen Schlag verärgert abzuwenden und weiterzuschlagen, ohne genau zu analysieren, wie der verschlagene Ball fliegt. Bei guten Schlägen dagegen verharren sie sekundenlang regungslos, um den Ball zu genießen.

Aus der Reaktion des Balles kann man schließen, was der Schläger im Treffmoment gemacht hat. Das bringt uns zu den Treffmomentfaktoren, die der Golfer, der sich selber korrigieren will, kennen muß.

Treffmomentfaktoren

In der halben Millisekunde, in der Ball und Schläger Kontakt miteinander haben, entscheidet sich, wie und wohin der Ball fliegen wird. Insgesamt sechs Faktoren wirken im Treffmoment zusammen.

Treffen des Balles mit dem Sweet Spot des Schlägers

Bei jenen seltenen Bällen, die sich beim Schlag sehr leicht anfühlen und den optimalen Klang haben, wurde der Ball mit dem idealen Punkt auf dem Schlägerblatt, dem sogenannten Sweet Spot, getroffen.

Wird der Ball außerhalb dieses Punktes getroffen, so verliert er erheblich an Länge, da sich der Schläger im Treffmoment verdrehen wird. Der Golfer erkennt dies daran, daß er den Schläger nach dem Schlag anders in der Hand hat als vorher.

Ist der Schläger nach dem Schlag nach links verdreht (geschlossen), so wurde der Ball mit der Hacke getroffen. Ist der Schläger nach dem Schlag nach rechts verdreht (geöffnet), so wurde der Ball an der Spitze getroffen.

Das Verdrehen des Schlägers während des Treffmoments ist nicht auf eine unzureichende Festigkeit des Griffs zurückzuführen, denn der Schläger wird sich auch bei einem extrem festen Griff immer in den Händen drehen, wenn der Sweet Spot verfehlt wurde.

Mit der Spitze getroffene Bälle starten meist nach rechts oder drehen, wenn das Schlägerblatt nach links verkantet war, nach links; Sockets gehen bei den Eisen auch nach rechts (nur in ganz extremen Fällen nach links) und bei den Hölzern nach links. Bei den Hölzern wird der Ball aufgrund des tieferen Schlägers zusätzlich einen Rechtsdrall bekommen, wenn er mit der Hacke getroffen wurde, und Linksdrall bei Schlägen mit der Spitze. Die Schlagflächen der Hölzer sind deshalb horizontal etwas gewölbt (Buldge). Der Ball wird hierdurch nach links

Trifft man den Ball mit dem Sweet Spot, so wird der Schläger ohne Rotation verlangsamt und wird sich nicht in den Händen verdrehen

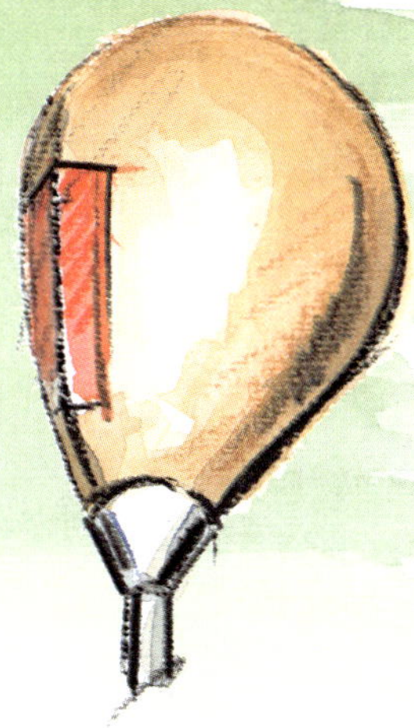

Wird der Ball mit der Hacke des Schlägers getroffen, wird sich der Schläger in den Händen nach links verdrehen

Wird der Ball mit der Spitze des Schlägers getroffen, wird sich der Schläger in den Händen nach rechts verdrehen

starten, wenn er mit der Hacke getroffen wird, was den Rechtsdrall etwas ausgleicht; er wird nach rechts starten, wenn er mit der Spitze getroffen wurde, um den Linksdrall auszugleichen.

Wenn der Ball mit einem Punkt ober- oder unterhalb des Sweet Spots Kontakt hatte, wird er gleichermaßen an Schlaglänge verlieren und von der optimalen Flughöhe abweichen.

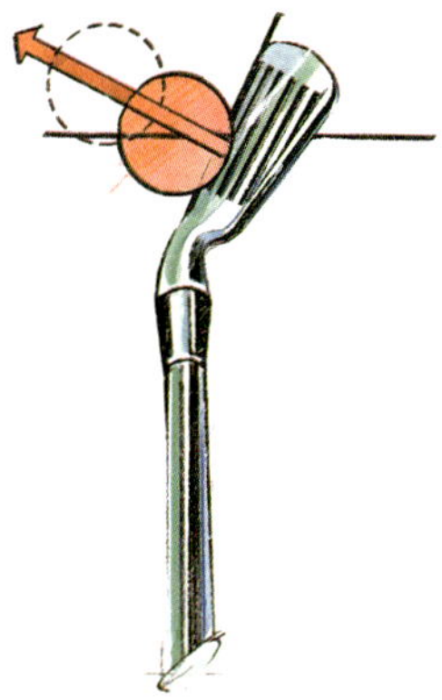

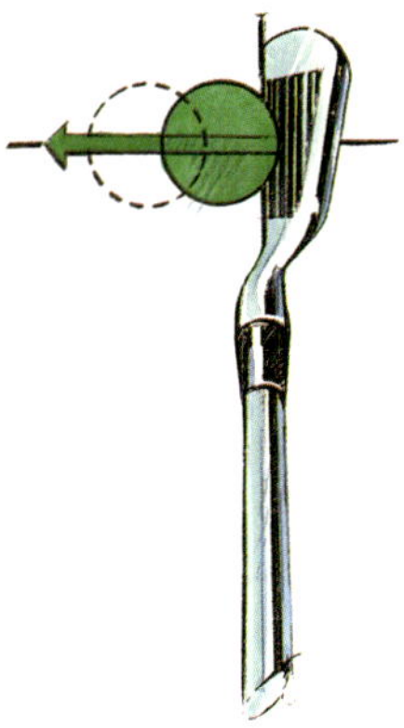

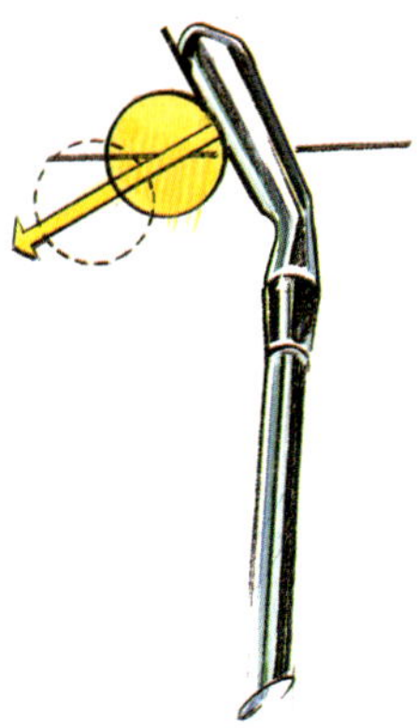

Die Stellung des Schlägerblattes ist der entscheidende Faktor für die Flugrichtung des Balles. Es kann im Treffmoment im Verhältnis zur Ziellinie nach rechts verdreht (o.) oder nach links verdreht sein (u.) sowie senkrecht zur Ziellinie stehen (M.)

Schlägerkopfgeschwindigkeit im Treffmoment

Sie bestimmt unter anderem, wie weit der Ball fliegt. Eine hohe Schlägerkopfgeschwindigkeit allein garantiert allerdings noch keinen langen Ball. Der Ball muß, wie eben gesagt, mit dem Sweet Spot getroffen werden, damit sich die Schlägerkopfgeschwindigkeit vollständig auf die Schlaglänge auswirken kann. Ebenso müssen Eintreffwinkel und Schlagflächenausrichtung stimmen.

Stellung der Schlagfläche im Treffmoment

Das Schlägerblatt kann im Treffmoment senkrecht zur Ziellinie nach rechts verdreht oder nach links verdreht sein. Ist das Schlägerblatt im Treffmoment nicht senkrecht zur Richtung, in die sich der Schläger bewegt (horizontaler Eintreffwinkel), so wird der Ball Seitwärtsdrall erhalten und nicht gerade fliegen, sondern, je nach Verkantung, in der Luft nach rechts oder links kurven.

Darüber hinaus wird der Ball auch nicht genau in die Richtung starten, in die sich der Schläger bewegt; er wird auch hier, abhängig von der Schlägerkopfgeschwindigkeit, maßgeblich durch die Stellung des Schlägerblattes beeinflußt.

Bei einem Schlag mit einem Holz wird der Ball in eine Richtung starten zwischen der, in die das Schlägerblatt zeigt, und der, in die sich der Schläger bewegt. Hierbei wirkt sich die Stellung des Schlägerblattes zu etwa 65 Prozent auf die Startrichtung aus. Verläuft der Schwung etwa 15° von innen nach außen und zeigt das Schlägerblatt in Richtung Ziel, so wird der Ball annähernd 5° nach rechts starten und dann in der Luft nach links drehen. Die Schlägerblattstellung ist somit der entscheidende Faktor für die Richtung des Balles. Zusätzlich beeinflußt sie auch die Flughöhe des Balles: Ist das Schlägerblatt nach rechts verdreht, wird der Ball höher und kürzer fliegen und weniger rollen. Ist es dagegen nach links verdreht, wird er flacher fliegen und weiter rollen.

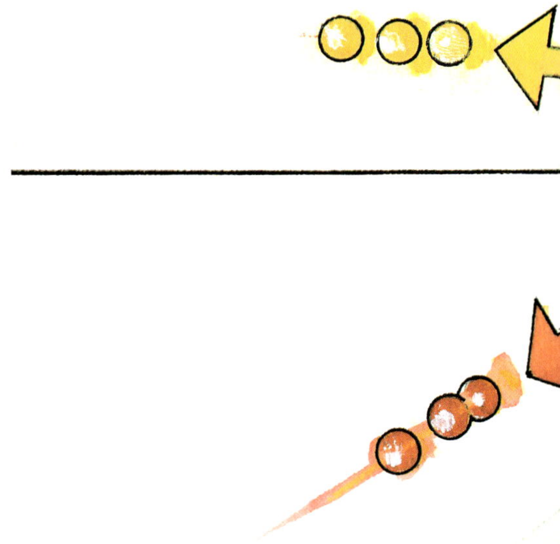

Horizontaler Eintreffwinkel

Der Winkel zwischen der Ziellinie und der horizontalen Komponente des Schlägerweges im Treffmoment wird als horizontaler Eintreffwinkel bezeichnet. Er läßt sich nur aus der seitlichen Perspektive erkennen. Der Schläger kann sich im Treffmoment zum Ziel hin (von innen nach innen) nach rechts (von innen nach außen) oder nach links (von außen nach innen) bewegen. Der Ball wird, vorausgesetzt der Schläger befindet sich genau senkrecht zur Schwungrichtung, in die Richtung starten, in die sich der Schläger bewegt. Der Pull (gerader Ball links von der Ausrichtung) und der Push (gerader Ball rechts von der Ausrichtung) haben in den meisten Fällen ihre Ursache in einem fehlerhaften horizontalen Eintreffwinkel.

In Bezug auf die Startrichtung des Balles ist der horizontale Eintreffwinkel jedoch nur halb so wichtig wie die Stellung des Schlägerblattes.

Der Schläger kann auf drei verschiedene Arten durch den Ball schwingen: Von innen nach innen (grün), von innen nach außen (gelb) und von außen nach innen (rot)

Vertikaler Eintreffwinkel

Der Winkel zwischen dem Boden und der vertikalen Komponente des Schlägerweges im Treffmoment ist der vertikale Eintreffwinkel. Er läßt sich nur aus der frontalen Perspektive erkennen. Er beeinflußt die Stärke des Rückwärtsdralles sowie den vertikalen Startwinkel des Balles und damit dessen Flughöhe.

Der Schläger kann sich im Treffmoment parallel zum Boden bewegen, und er kann flach oder steil in den Ball eintreffen.

Bei Holzschlägern ist ein Schlag, bei dem sich der Schläger im Treffmoment parallel zum Boden bewegt, ideal.

Bei Schlägen mit Eisen vom Fairway sollte der Schläger sich leicht von oben nach unten bewegen, also steiler in den Ball eintreffen.

Schläger-Lie im Treffmoment

Der Winkel zwischen Schlägerschaft und Boden ist ein Faktor, der in früheren Betrachtungen häufig vernachlässigt wurde.

Im Idealfall befindet sich die Schlägersohle im Treffmoment parallel zum Boden. Befindet sich die Hacke in der Luft, was immer wieder bei den langen Schlägen vorkommt, ergibt das Divots, die vorne tiefer sind als hinten.

Beim Putten ist dagegen oftmals die Spitze weiter vom Boden entfernt als der Rest der Sohle.

Je höher die Hacke sich in der Luft befindet, desto mehr wird der Ball, auch ohne seitliche Verkantung des Schlägerblattes, in der Luft nach rechts kurven, da der Loft, sprich: die Neigung des Schlägerblattes, bewirkt, daß der Schläger den Ball mehr an dessen linker Seite trifft.

Der Schläger kann auf drei Arten vertikal durch den Ball schwingen: parallel zum Boden (o.), er kann den Ball in der Aufwärtsbewegung treffen (M.), und er kann ihn in der Abwärtsbewegung treffen (u.)

Der Golfplatz von La Qinta, Spanien, liegt an der Costa del Sol in den Bergen oberhalb von Marbella. Im Jahre 1985 wurde auf diesem Par 71-Platz der World-Cup ausgespielt

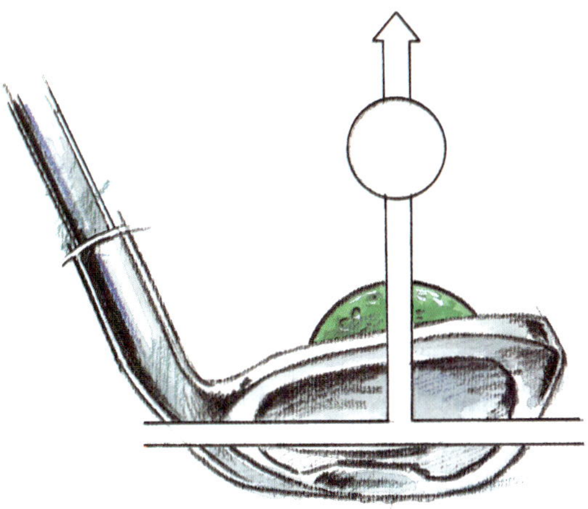

Befindet sich die Hacke des Schlägers im Treffmoment in der Luft, wird der Ball leicht nach rechts starten und dann weiter nach rechts abdrehen (r.). Ist dagegen die Schlägerspitze in der Luft, wird der Ball leicht nach links starten und dann weiter nach links abdrehen (l.). Die untere Kante des Schlägerblattes sollte daher im Treffmoment parallel zum Boden sein (M.)

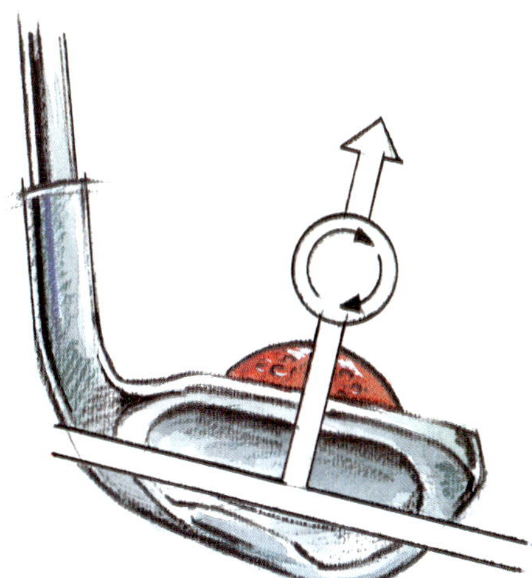

Ursachen für Abweichungen

Um die Ballfluggesetze besser verstehen und um Korrekturen bei den häufigsten Fehlschlägen vornehmen zu können, muß der Golfer die Ursachen für Abweichungen von den Treffmomentfaktoren kennen.

Treffen mit der Hacke oder der Spitze

Der häufigste Grund für das Verfehlen des Sweet Spots ist eine fehlerhafte Arm- oder Schlägerebene. Ist eine der beiden zu flach, wird der Schlägerkopf im Abschwung zu weit nach vorne kommen und den Ball an der Hacke treffen. Ist die Arm- oder Schlägerebene zu steil, wird der Schlägerkopf im Abschwung zu wenig nach vorne kommen und den Ball an der Spitze treffen.
Ein weiterer Grund für Schläge mit der Spitze beziehungsweise mit der Hacke des Schlägers ist ein verdrehtes Schlägerblatt. Ist es nach rechts verdreht, kommt die Hacke dem Ball näher, ist es nach links verdreht, kommt die Spitze dem Ball näher, so daß auch dies das Treffen mit dem Sweet Spot unwahrscheinlicher macht. Ebenso kann ein verkehrter horizontaler Eintreffwinkel – der Schläger schwingt extrem von außen nach innen oder von innen nach außen durch den Ball – für das Verfehlen des Sweet Spots verantwortlich sein.

Zu niedrige oder zu hohe Schlägerkopfgeschwindigkeit

Mangelnde Schlägerkopfgeschwindigkeit kann mehrere technische Gründe haben. Zunächst ist es wichtig, daß Sie während des Ausholens einen Winkel zwischen linkem Arm und Schläger bilden (Radialflexion). Ohne diesen Winkel steht nur ein Hebel (linker Arm zusammen mit dem Schläger) zur Verfügung. Wird das Handgelenk jedoch als Scharnier benutzt, so entsteht ein Zwei-Hebel-System, mit dem Sie eine erheblich

Ist die Armebene zu flach, wird man den Ball häufig mit der Hacke des Schlägers treffen, was auch zu Hooks und Schlägen mit zu wenig Boden führt (Toppen)

Ist die Armebene zu steil, wird man den Ball häufig mit der Schlägerspitze treffen, was auch zu nach rechts abdrehenden Bällen und Schlägen mit zu viel Boden führt

Bei einer zu flachen Armebene hilft diese Übung: Stellen Sie Ihre Füße direkt nebeneinander und machen Sie ¾-Schwünge. Da der Körper bei diesem engen Stand sofort aus der Balance geworfen würde, wenn die Arme weit nach hinten schwingen, entsteht hier automatisch eine aufrechtere Arm- und Schlägerebene

größere Geschwindigkeit erzeugen können. Dieser Winkel sollte im höchsten Punkt des Ausholens mindestens 90° betragen und sollte, um ihn effektiv nutzen zu können, nicht zu früh aufgelöst werden. Dies würde bewirken, daß der Schläger den Punkt seiner höchsten Geschwindigkeit vor dem Treffmoment erreicht und somit am Ball schon wieder an Geschwindigkeit verloren hat. Es gilt jedoch zu beachten, daß das „späte Schlagen" viel Kraft und Koordination erfordert und daß der Versuch des späten Schlagens bei weniger geübten Golfspielern in den meisten Fällen dazu führt, daß sich der Winkel dann nicht mehr vor dem Treffmoment auflöst und das Schlägerblatt im Treffmoment noch offen ist. Dies wiederum führt dann zu slicenden Bällen, die die Schlaglänge extrem reduzieren. Spielern mit „Slice-Problemen" muß man daher von einem späten Schlagen dringend abraten.

Eine vollständige Schulterdrehung (mindestens 90°) bei nicht mehr als maximal 45° Hüftdrehung ist zusammen mit einem kompletten Armschwung (knapp 180°) für eine hohe Schlägerkopfgeschwindigkeit wichtig. Desgleichen eine korrekte Gewichtsverlagerung (beim Ausholen auf den rechten und bei der Vorwärtsbewegung auf den linken Fuß). Neben der Technik spielen auch konditionelle Voraussetzungen (Beweglichkeit, Schnelligkeit, Kraft) sowie die Ausrüstung eine wichtige Rolle. So können beispielsweise zu steife oder zu schwere Schäfte die Schlaglänge erheblich reduzieren. Bei den meisten Golfspielern würde die Schlägerkopfgeschwindigkeit jedoch ausreichen, um den Ball viel weiter zu schlagen. Grund für die mangelnde Länge ist hier, daß der Ball in der Regel zu schlecht getroffen wird. Eine zu hohe Schlägerkopfgeschwindigkeit bei Annäherungsschlägen und Putts liegt meist an einem zu langen Ausholen oder einem zu starken Einsatz der Handgelenke.

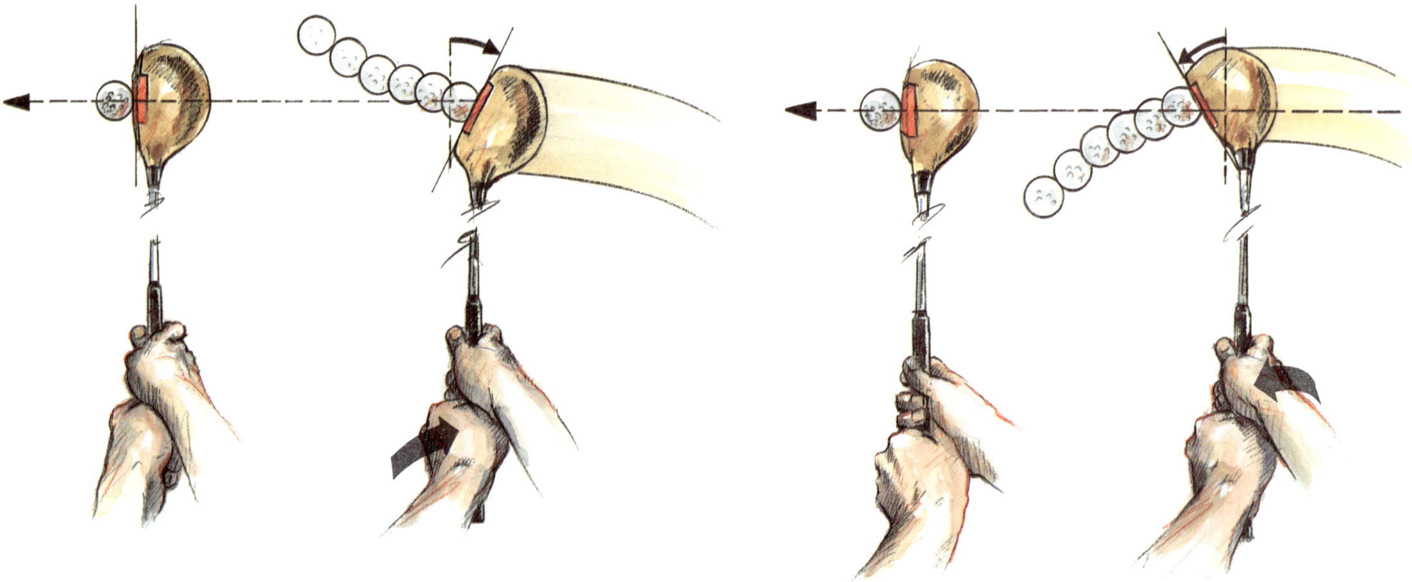

Sind die Hände beim Ansetzen zu weit nach links gedreht, so wird das Schlägerblatt im Treffmoment nach rechts verdreht sein (Slices) (l.).
Sind die Hände beim Ansetzen zu weit nach rechts gedreht, so wird das Schlägerblatt im Treffmoment nach links verdreht sein (Hooks) (r.)

Die Stellung des linken Handgelenks beeinflußt das Schlägerblatt:
volar → geschlossen (nach links verkantet) (l.);
dorsal → offen (nach rechts verkantet) (M.);
fast gerade → gerade (r.)

Verkantetes Schlägerblatt

Für die Stellung des Schlägerblattes ist, wie bereits vorher gesagt, vorrangig der Griff verantwortlich. Befinden sich die Hände beim Ansetzen zu weit nach links oder zu weit nach rechts gedreht am Schlägergriff, so wird das Schlägerblatt, bedingt durch das während des Abschwungs zwangsläufige Zurückkehren der Hände in eine neutrale Haltung, im Treffmoment nach rechts beziehungsweise nach links verkantet an den Ball kommen.

Ein weiterer Grund für ein verdrehtes Schlägerblatt kann die Stellung des linken Handgelenks während des Schwunges sein. Wenn es in Richtung Handrücken (dorsal) gebeugt wird, wird das Schlägerblatt nach rechts verdreht (geöffnet). Wird das Handgelenk zur Handfläche hin (volar) gebeugt, wird das Schlägerblatt nach links verdreht (geschlossen). Im höchsten Punkt der Ausholbewegung sollten Sie daher darauf achten, daß Ihr Handgelenk mit dem Unterarm fast eine Linie bildet.

Wenn das Schlägerblatt nicht gerade an den Ball kommt, so kann dies auch mit dem horizontalen Eintreffwinkel zusammenhängen. Das Schlägerblatt wird sich in den meisten Fällen nicht genügend schließen, wenn der Schläger zu steil in den Ball kommt, und es wird sich meist zu sehr schließen, wenn er zu flach (von innen) in den Ball kommt. Wo in diesem Fall die Ursachen liegen, können Sie bei den Erläuterungen zum horizonta-

len Eintreffwinkel nachlesen. Ebenso kann der Schläger offen beziehungsweise geschlossen am Ball ankommen, wenn das Griffende im Verhältnis zum Kopfende des Schlägers im Treffmoment zu weit vor beziehungsweise hinter dem Ball ist. Ursache ist ein zu spätes (Schläger offen) oder ein zu frühes Schlagen (Schläger geschlossen) oder die Position des Körpers im Treffmoment. Ist er in diesem Augenblick zu weit vor dem Ball, so wird der Schläger meist zu offen sein; ist er dagegen zu weit hinter dem Ball, so wird der Schläger häufig zu geschlossen sein.

Zwei weitere Ursachen für ein offenes Schlägerblatt im Treffmoment sind in verkehrten Körperbewegungen zu suchen.

Zum einen wird sich das Schlägerblatt im Abschwung nicht genügend schließen, wenn das Gewicht beim Ausholen zu wenig auf den rechten Fuß verlagert wurde. Diese unzureichende Bewegung nach rechts wird bei der – beim Abschwung zwangsläufig auftretenden – Bewegung des Körpers nach links, dazu führen, daß sich der Körper und das Griffende im Treffmoment dann zu weit links (vor dem Ball) befinden, und dies verursacht immer ein offenes Schlägerblatt.

Das andere Problem ist eine kippende Körperbewegung beim Ausholen, wobei sich die linke Schulter zu weit nach unten bewegt, weil der Oberkörper sich im Verlauf der Ausholbewegung nach vorne neigt und die Armebene meist zu steil ist. Bei einem solchen Ausholen entsteht beim Abschwung ebenfalls eine Ausgleichsbewegung, bei der die rechte Schulter zu tief kommt und Arme und Schläger durch den Ball blockieren (rechter Ellenbogen tiefer als der linke). Eine gute Übung, um dieses Problem zu beseitigen, sind Baseball-Schwünge, bei denen mehr Unterarmrotation und weniger vertikale Körperbewegung entsteht.

Sind beim Abschwung Arme, Hände und Schläger im Verhältnis zum Körper zu schnell („frühes Schlagen"), führt dies zu nach links abdrehenden Bällen (o.)

Es ist auch möglich, daß die Körperdrehung dem Abschwingen der Arme und dem „Entwinkeln" der Handgelenke vorauseilt, was zu Slices führen wird

Um den Schläger leichter von innen statt von außen an den Ball zu bringen, sollte der Golfer beim Ansetzen die rechte Schulter etwas zurücknehmen

Eintreffen des Schlägers von innen oder außen

Üblicherweise wird der Schläger in die Richtung geschwungen, in die er im Zenit des Ausholens zeigt, vorausgesetzt, daß dieser Punkt dann erreicht ist, wenn der Schläger parallel zum Boden ist. Wenn der Schläger nach links zeigt, im oberen Totpunkt also zu flach ist, wird er höchstwahrscheinlich von außen nach innen durch den Ball schwingen. Zeigt er nach rechts, so schwingt er von innen nach außen durch den Ball nach rechts.

Die Stellung der Schultern im Treffmoment gibt meist ebenfalls einen Hinweis darauf, wohin der Schläger schwingt. Je offener

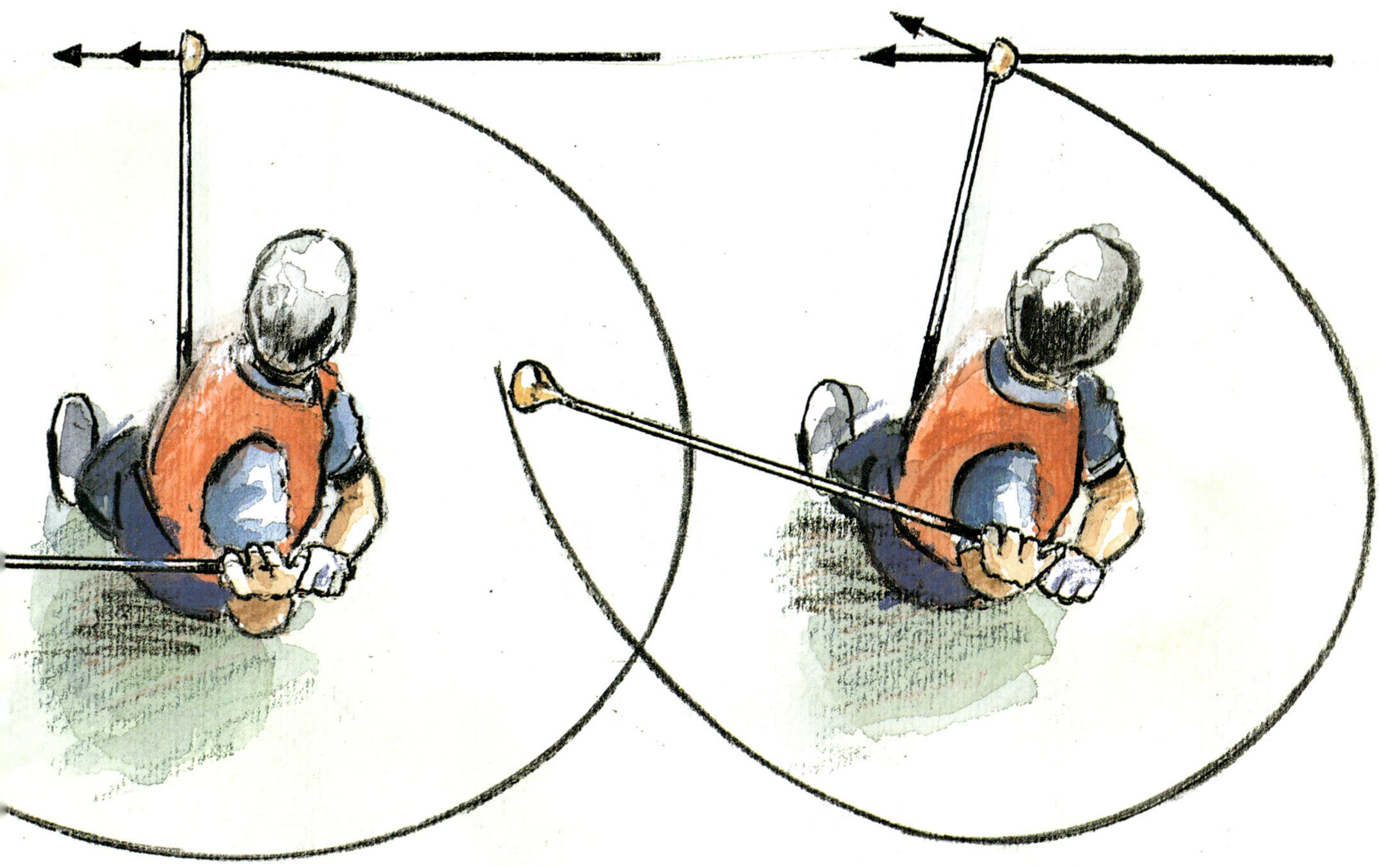

Zeigt der Schläger im oberen Totpunkt nach links (l.), so schwingt er meist von außen nach innen durch den Ball; zeigt er nach rechts (r.), schwingt er meist von innen nach außen. Der Schläger sollte daher immer genau zum Ziel zeigen (M.)

(nach links ausgerichtet) die Schultern im Treffmoment sind, desto wahrscheinlicher schwingt der Schläger von außen nach innen und umgekehrt.

Dies liegt daran, daß bei viel beziehungsweise wenig Schulterdrehung die Hände und auch meist der Schlägerkopf zu weit nach vorne beziehungsweise zu weit nach hinten kommen.

Um einen fehlerhaften horizontalen Eintreffwinkel zu korrigieren, sollten Sie als erstes Ihre Schulterausrichtung bei der Ansprechposition überprüfen. Zeigen die Schultern beispielsweise schon beim Ansprechen nach links – was auch an einem zu weit links liegenden Ball liegen kann –, so wird der Schläger mit größter Wahrscheinlichkeit von außen nach innen durch den Ball schwingen. Bei einer Schulterausrichtung nach rechts wird er eher von innen nach außen durch den Ball schwingen. In vielen Fällen ist ein verkehrter horizontaler Eintreffwinkel jedoch nur auf ein verkantetes Schlägerblatt zurückzuführen: Zeigt das Schlägerblatt beispielsweise im Treffmoment immer nach rechts, so reagieren die meisten Golfer hierauf instinktiv mit einer Schwungbahn von außen nach innen, um den Ball mehr nach links starten zu lassen.

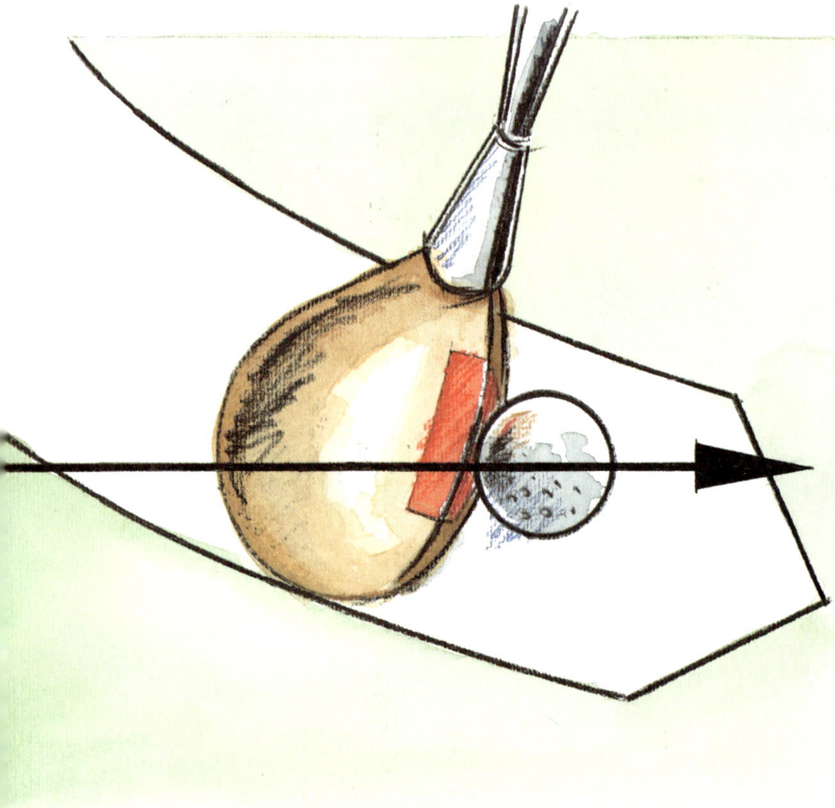

Zu steiles oder zu flaches Eintreffen des Schlägers

In den meisten Fällen kommt der Schläger deshalb zu flach oder zu steil in den Ball, weil der horizontale Eintreffwinkel nicht stimmte. Kommt der Schläger von außen an den Ball, so wird er auch zu steil in den Ball eintreffen; kommt er zu sehr von innen an den Ball, so wird er auch zu flach in den Ball eintreffen.

Vorausgesetzt der Schläger bewegt sich im Treffmoment in Richtung Ziel, so ist ein falscher vertikaler Eintreffwinkel auf einen der folgenden Faktoren zurückzuführen: Befindet sich der Körperschwerpunkt im Treffmoment zu weit links, kommt der Schläger zu steil in den Ball, ist er zu weit rechts, so kommt der Schläger zu flach in den Ball.

Die Lage des Balles beeinflußt ebenfalls den vertikalen Eintreffwinkel. Je weiter links der Ball liegt, desto flacher kommt der Schläger an den Ball, je weiter rechts, desto steiler.

Ein zu frühes Abwinkeln der Handgelenke zur Kleinfingerseite zusammen mit einer Dorsalflexion des linken Handgelenks im Abschwung, wie es zum Beispiel bei einer „Löffelbewegung" der Fall ist, läßt den Schläger flach eintreffen. Ein zu spätes Abwinkeln bringt den Schläger steiler in den Ball. Ein zu frühes Abwinkeln tritt häufig dann auf,

Verläuft der Abschwung von innen nach außen, so trifft der Schläger meist sehr flach in den Ball ein

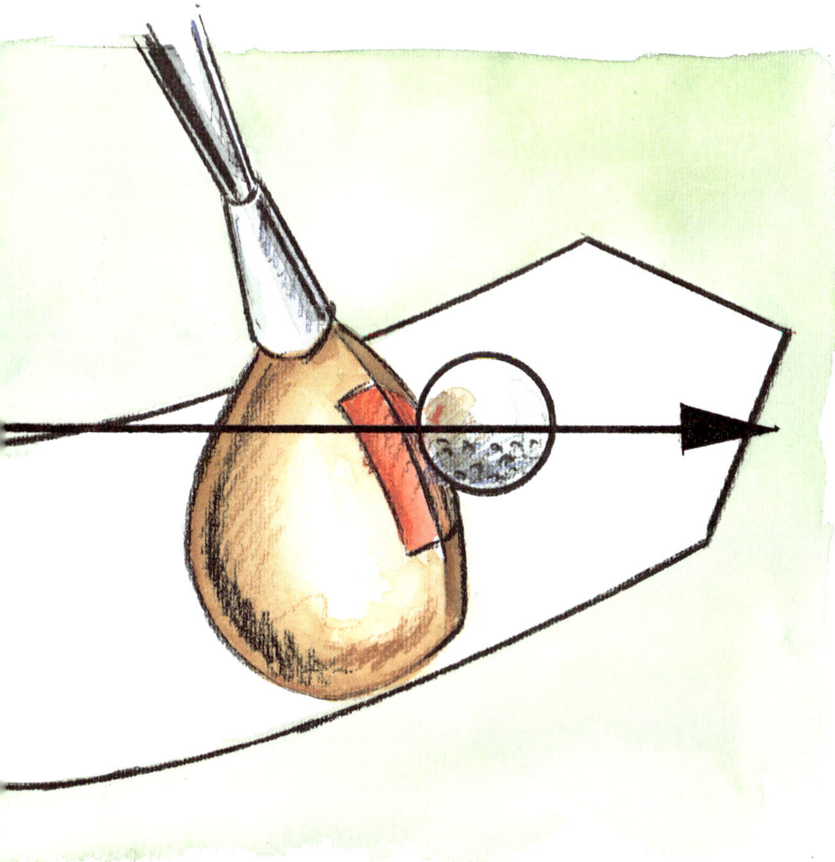

wenn sich die rechte Hand im oberen Totpunkt vom Schläger und der linken Hand löst. Beim Abschwung kommt es dann beim erneuten Zugreifen eher zu einer Wurfbewegung, „einem zu frühen Schlagen“, und der vertikale Eintreffwinkel wird zu flach. Neben dem Beibehalten des Griffs während des Schwungs sollten Sie in diesem Fall darauf achten, daß die Betonung beim Zusammenspiel der Handgelenke, Arme und des Körpers durch mehr Drehbewegung des Unterkörpers nicht zu sehr auf Handgelenken und Armen liegt.

Auch die Armebene beeinflußt das Eintreffen des Schlägers: Er kommt steil in den Ball, wenn auch sie steil ist und umgekehrt.

Zu flacher oder zu steiler Lie im Treffmoment

Ein Schläger, dessen Griffende im Treffmoment zu niedrig ist, kommt in der Regel nur dann vor, wenn es auch schon beim Ansetzen zu niedrig war, das heißt, die Spitze des Schlägers sich in der Luft befand. Hierfür können wiederum zu lange Schläger oder solche mit zu aufrechtem Lie verantwortlich sein.

Ist das Griffende im Treffmoment zu hoch, so kann dies an einem zu frühen oder zu späten Schlagen, das heißt an einem zu frühen oder zu späten Auflösen des Winkels zwischen linkem Arm und Schläger gelegen haben. Ebenso wird die Position des Schlägerschaftes im Treffmoment durch den horizontalen Eintreffwinkel beeinflußt. Gleichgültig, ob der Schläger zu sehr von außen oder von innen kommt, in beiden Fällen wird die Wahrscheinlichkeit höher, daß das Griffende im Treffmoment zu hoch ist.

Ein Abschwung, bei dem der Schläger die Ziellinie von außen nach innen kreuzt führt immer zu einem steilen vertikalen Eintreffwinkel

Ballfluggesetze

Im folgenden werde ich versuchen, Ihnen die komplexen Gesetzmäßigkeiten des Ballfluges näher zu bringen.
Zuvor jedoch ein Hinweis: Im weiteren Verlauf dieses Kapitels wird häufig von der Startrichtung des Balles die Rede sein. Da diese überwiegend durch die Ausrichtung beeinflußt wird, beziehe ich mich, wenn ich von der Startrichtung spreche, auf die Ausrichtung des Golfspielers.
Der Ball kann (bezogen auf die Ausrichtung) in drei Richtungen starten: nach links, nach rechts und geradeaus.
In der Luft kann er sich wie folgt verhalten: er kann gerade fliegen oder nach rechts beziehungsweise nach links drehen. Die entsprechende Abbildung auf diesen Seiten zeigt alle möglichen Ballflüge, wobei bei der Darstellung auch die unterschiedlichen Schlaglängen der einzelnen Schläge berücksichtigt wurden.
Am besten läßt sich der Ballflug bei einem Schlag mit einem Schläger, der wenig Loft besitzt (Holz oder langes Eisen), analysieren. Bei kurzen Schlägern mit sehr viel Loft wird der Ball nämlich so viel Rückwärtsdrall erhalten, daß der eventuell vorhandene Seitwärtsdrall sich nicht auswirkt. Ein Ball, mit einem Eisen 9 geschlagen, wird deshalb nur sehr selten eine starke Kurve in der Luft beschreiben.

Will sich ein Golfspieler alleine korrigieren, muß der die Ballfluggesetze beherrschen, da der Ball das einzige ist, was er sieht

Um zu verstehen, wie die einzelnen Treffmomentfaktoren mit den jeweiligen Ballflügen zusammenhängen, gehen wir der Einfachheit halber von einem Schlag aus, bei dem der Ball mit dem Sweet Spot getroffen wurde, wobei der Schaft im Treffmoment den richtigen, seinem Lie entsprechenden Winkel zum Boden hatte. In der Praxis ist diese Vereinfachung allerdings unzulässig, da ein Ball zum Beispiel allein schon deshalb stark nach rechts starten kann, weil er mit der Hacke oder mit der Spitze getroffen wurde oder das Griffende im Treffmoment viel zu hoch war.
Der Ball wird immer dann einen Seitwärtsdrall erhalten, wenn das Schlägerblatt im Treffmoment nicht senkrecht zur Schwungrichtung ausgerichtet war, und immer in die Richtung starten, die sich aus Schwungrichtung und Schlägerblattstellung im Treffmoment ergibt. Hierbei wird das Schlägerblatt mit sinkender Schlägerkopfgeschwindigkeit immer wichtiger (so bestimmt es beim Putten die Startrichtung zu 80 Prozent). Die häufig gemachte Aussage, daß der Ball immer in die Richtung startet, in die sich der Schläger bewegt, ist somit falsch. Dies können Sie leicht überprüfen, indem Sie einige Schläge machen, bei denen Sie das Schlägerblatt völlig in eine Richtung verdrehen und in eine möglichst weit entfernte Richtung schwingen. Sie werden feststellen, daß der Ball in eine Richtung zwischen diesen beiden Extremen starten wird.

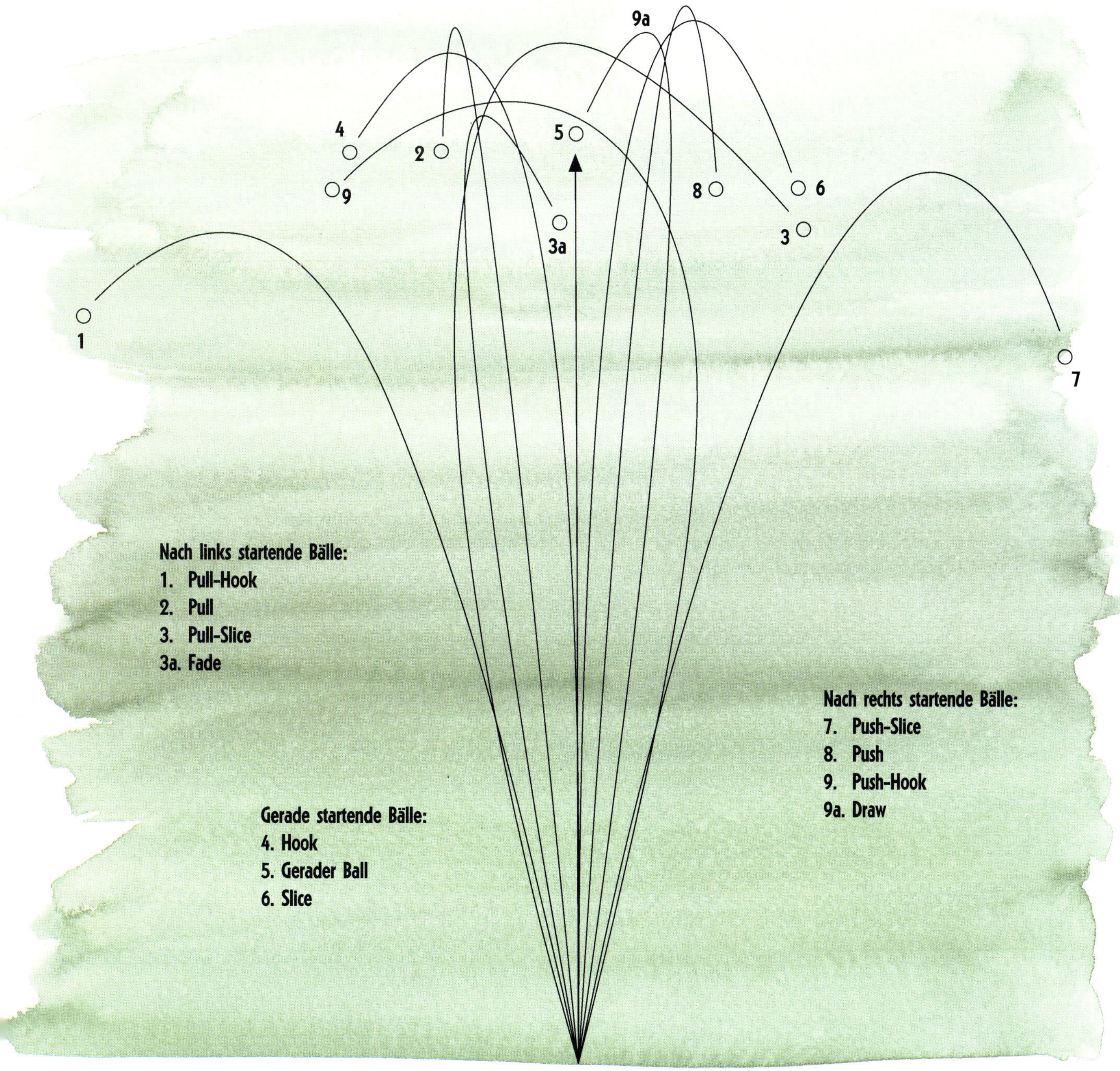

Beim Abschwung wird die während des Ausholens gespeicherte Energie freigegeben und in eine hohe Schlägerkopfgeschwindigkeit umgewandelt

Bernhard Langer bei einem Annäherungsschlag: Um dem Ball viel Backspin zu verleihen, muß sich der Schläger durch den Ball hindurch nach unten bewegen

Um nun ein bestimmtes Ballflugproblem zu lösen, erkläre ich nachfolgend alle Schlagmöglichkeiten:

Beginnen wir mit dem *geraden Schlag*, der zum Ziel fliegt (Nr. 6). Hierbei hat sich der Schläger im Treffmoment genau in Richtung Ziel bewegt, der Weg des Schlägerkopfes verlief von innen nach innen durch den Ball. Das Schlägerblatt war senkrecht zur Ziellinie ausgerichtet.

Beim *Pull* (Nr. 2) kreuzte der Schlägerkopf die Ziellinie von außen nach innen, das Schlägerblatt war im Treffmoment senkrecht zur Schwungbahn. Bei kurzen Eisen ist es auch möglich, den Ball zu pullen, ohne daß der Schläger von außen nach innen durch den Ball schwingt, wenn das Schlägerblatt extrem nach links verkantet ist. Dies wird den Ball aufgrund der geringeren Schlägerkopfgeschwindigkeit in seiner Startrichtung stärker beeinflussen als bei Verwendung längerer Schläger. Der Ball dreht häufig nicht weiter nach links ab, weil ein kurzer Schläger dem Ball erheblich mehr Rückwärtsdrall verleiht, so daß sich der Seitwärtsdrall nicht so stark auswirken kann.

Beim *Push* (Nr. 9) kreuzte der Schlägerkopf die Ziellinie von innen nach außen, das Schlägerblatt befand sich im Treffmoment senkrecht zur Schwungbahn. Auch hier ist es bei kurzen Eisen möglich, daß der Ball nur deshalb nach rechts gestartet ist, weil das Schlägerblatt im Treffmoment nach rechts verkantet war. Die Schwungbahn kann dabei völlig korrekt gewesen sein. Bei langen Schlägern würde der Ball aber in diesem Fall weiter nach rechts abdrehen, so daß man hier mit Sicherheit sagen kann, daß die Schwungbahn von innen nach außen verlief und das Schlägerblatt senkrecht zur Schwungbahn gewesen ist.

Beim *Pull-Hook* (Nr. 1) ist es unmöglich, nur anhand des Ballfluges zu sagen, wie die Schwungbahn verlaufen ist. Das Schlägerblatt war in jedem Fall zur Schwungbahn

gesehen nach links verkantet. Die Schwungbahn kann nicht genau bestimmt werden, weil der Ball allein schon aufgrund eines stark verdrehten Schlägerblattes nach links starten wird, ohne daß die Schwungbahn von außen nach innen verlaufen sein muß. Um hier genaueres sagen zu können, muß entweder das Divot, eine etwaige Videoaufnahme oder müssen die anderen Schläge des Golfers analysiert werden.

Für den *Push-Slice* (Nr. 8) gilt dasselbe wie für den Pull-Hook, nur daß diesmal das Schlägerblatt extrem nach rechts verkantet war.

Der *Pull-Slice* (Nr. 3) und der *Fade* (Nr. 4a) sind das Ergebnis einer Schwungbahn von außen nach innen und eines zur Schwungbahn nach rechts verkanteten Schlägerblattes; beim Fade leichter, beim Pull-Slice stärker.

Für *Push-Hook* (Nr. 10) und *Draw* (Nr. 11) gilt dasselbe wie für den Pull-Slice und den Fade. Hier verläuft die Schwungbahn von innen nach außen, und das Schlägerblatt ist zur Schwungbahn nach links verdreht; beim Draw leicht, beim Push-Hook stark.

Ein *Slice* (Nr. 7) entsteht – auch wenn der Ball in Richtung Ziel startet – durch eine Schwungbahn von außen nach innen. Da der Schläger in Relation zur Schwungbahn nach rechts verdreht gewesen sein mußte, wäre der Ball bei einer korrekten Schwungbahn von innen nach innen schon nach rechts gestartet. Hieraus kann man folgern, daß die Schwungbahn bei einem gerade startenden Ball von außen nach innen verlief.

Der *Hook* (Nr. 5) ist das spiegelbildliche Pendant zum Slice. Bei ihm verläuft die Schwungrichtung von innen nach außen, und das Schlägerblatt ist im Verhältnis zu dieser nach links verdreht.

Ein perfektes Divot beginnt kurz nach dem Ball, zeigt leicht links vom Ziel und weist eine gleichmäßige Tiefe auf

Divot

Zum Schluß noch einige Worte über Divots, die bei der Analyse des Treffmoments klare Erkenntnisse liefern. Ein perfektes Divot bei Schlägen mit Eisen sollte kurz nach dem Ball beginnen (da der Schläger sich im Treffmoment in der Abwärtsbewegung befindet), leicht nach links zeigen (da der Schläger sich nach dem Treffmoment schon wieder nach innen bewegt) und eine gleichmäßige Tiefe aufweisen (da die Schlägersohle im Treffmoment parallel zum Boden ist).

Zeigt das Divot extrem nach rechts oder links, so kann man daraus schließen, daß die Schwungrichtung von innen nach außen oder von außen nach innen verlief. Beginnt es schon vor dem Ball, so befindet sich der tiefste Punkt des Schwunges zu weit rechts. Dies kann an einer löffelnden Bewegung oder an einer Schwungrichtung von innen nach außen liegen (siehe hierzu auch Seite 78).

Sind die Divots zu tief, so ist entweder die Armebene oder der Eintreffwinkel zu steil, was wiederum an einer Schwungbahn von außen nach innen oder an einem im Treffmoment zu weit links liegenden Schwerpunkt des Golfers liegen kann.

Treten überhaupt keine Divots – weder vor noch nach dem Ball – auf, so ist die Armebene zu flach. Sind sie an der Außenseite zu tief, so zeigt dies, daß der Schlägerschaft im Treffmoment keine seinem Lie entsprechende Lage hatte, weil das Griffende zu hoch war.

Häufige Fehlschläge

In diesem Abschnitt bekommen Sie Hilfestellung bei konkreten Ballflugproblemen. In den folgenden Erläuterungen werden die für die jeweiligen Fehlschläge verantwortlichen Abweichungen vom optimalen Treffmoment genannt, deren Ursachen Sie im vorigen Kapitel nachlesen können.

Slice

Der Slice entsteht durch ein Schlägerblatt, das im Verhältnis zur Schwungbahn nach rechts verkantet ist. Unter Slice verstehe ich in diesem Zusammenhang alle Schläge, bei denen der Ball, unabhängig von der Startrichtung, nach rechts abdreht.
Ein offenes Schlägerblatt ergibt sich auch dann sehr häufig, wenn der Schläger zu steil, das heißt von außen in den Ball kommt.

Der Ball kann getoppt werden, wenn der tiefste Punkt des Schwunges vom Golfer aus gesehen zu weit links vom Ball liegt

Der Ball kann getoppt werden, wenn der tiefste Punkt des Schwungbogens oberhalb des „Äquators" des Balles liegt

In erster Linie ist jedoch die Stellung des Schlägerblattes für einen Slice verantwortlich, denn in vielen Fällen ist die Schwungkurve von außen nach innen nur eine Reaktion auf den nach rechts abdrehenden Ball. Ganz selten kann ein Slice dadurch entstehen, daß sich die Schlägerhacke im Treffmoment zu weit in der Luft befindet.

Hook

Der Hook entsteht durch ein Schlägerblatt, das im Verhältnis zur Schwungbahn nach links verkantet (geschlossen) ist. Wie beim Slice kann es auch hier aufgrund einer fehlerhaften Schwungkurve verdrehen, nur daß dieses Mal der Schläger zu sehr von innen nach außen durch den Ball schwingt.

Toppen

Das Toppen, also das Treffen des Balles oberhalb des „Äquators", ist bei Anfängern sehr häufig und besonders frustierend, da der Ball nicht in die Luft kommt. Es gibt drei Arten des Toppens:
1. Der tiefste Punkt des Schwungbogens ist zu hoch, so daß der Schläger zu keiner Zeit tief genug ist, um den Ball unterhalb des „Äquators" zu treffen.
2. Der tiefste Punkt des Schwunges befindet sich rechts vom Ball, so daß der Schläger sich schon wieder nach oben bewegt, wenn er den Ball erreicht.
3. Der tiefste Punkt des Schwunges befindet sich zu sehr links vom Ball, so daß der Schläger sich am Ball noch zu hoch befindet, um ihn richtig zu treffen.
In der Vergangenheit hat man bei jedem getoppten Ball allein die erste Möglichkeit

für den Fehlschlag verantwortlich gemacht. Sie ist aber bei weitem nicht so häufig der Grund.

In keinem Fall ist es auf die Neugier des Golfers zurückzuführen, dorthin zu schauen, wohin der Ball voraussichtlich fliegen wird, bevor er ihn getroffen hat. Auch nach sieben Jahren Golfunterricht mit Videokamera und High-Speed-Shutter (ermöglicht scharfe Aufnahmen auch bei hohen Geschwindigkeiten) und Zeitlupenunterstützung, warte ich noch immer auf den ersten Golfspieler, der tatsächlich vor dem Treffen des Balles zum Ziel blickt.

Das Anziehen des linken Armes ist ebenfalls nie die Ursache für einen zu hoch getroffenen Ball. Ein Aufrichten des Körpers während der Treffmomentphase (ein ebenso häufig vermuteter Grund) ist dagegen immer nur dann gegeben, wenn der Schläger sonst zu tief in den Boden eindringen würde.

Die wahren Gründe für die erste Möglichkeit sind:

1. Wenn die Hände im Verlauf des Ausholens nicht genügend in die Luft kommen (flache Armebene), so werden sie während des Abschwungs nicht weit genug nach unten schwingen, sondern vielmehr nach vorne kommen.

2. Der Schläger wird ebenso nicht genügend nach unten schwingen, wenn sich der Schaft in einer zu waagerechten Lage befindet. Der Schläger hat grundsätzlich die Neigung, in die Richtung zu schwingen, in die der Schaft zeigt. Aus diesem Grund sollte der Schaft immer auf die Ziellinie zeigen. In diesem Fall zeigt er über den Ball hinweg und wird auch, vorausgesetzt der Golfer führt keine Manipulationen durch, oberhalb des Balles eintreffen.

3. Wenn die Schultern sich auf einer zu flachen Ebene (linke Schulter kommt zu weit nach oben) bewegen, wird der Golfer größer und muß sich, um den Ball zu treffen, im gleichen Maße kleiner machen. Zusätzlich führt die flache Schulterebene meist auch zu einer flachen Armebene, die dann der Hauptgrund für das Toppen ist.

Die zweite Möglichkeit des Toppens (der tiefste Punkt des Schwunges befindet sich vor dem Ball) kann zwei Ursachen haben:

1. Der Schwung verlief von innen nach außen, so daß der Schläger entweder den Boden vor dem Ball trifft oder aber am Boden vorbei kommt, sich jedoch am Ball schon wieder in der Aufwärtsbewegung befindet. So werden auch viele Bälle nach rechts starten, und die Divots, die sich rechts vom Ball befinden, zeigen nach rechts.

Der Ball kann getoppt werden, wenn der tiefste Punkt des Schwunges vom Golfer aus gesehen rechts vom Ball liegt

2. Der Schwung verlief zwar zum Ziel, jedoch befand sich der tiefste Punkt des Schwunges rechts vom Ball, weshalb der Eintreffwinkel zu flach war.

Die dritte Möglichkeit des Toppens (der tiefste Punkt des Schwunges befindet sich zu sehr hinter dem Ball) kann ebenfalls zwei Ursachen haben:

1. Die Schwungkurve kann von außen nach innen durch den Ball verlaufen. Der tiefste Punkt des Schwunges ist dann am Ball noch nicht erreicht, und der Schläger ist noch zu hoch, um den Ball richtig zu treffen. Bei die-

ser Ursache des Toppens werden die anderen Schläge meist nach links starten oder slicen. Wenn Divots auftreten, so zeigen sie meist nach links. Manchmal trifft der Schläger so von oben auf den Ball, daß der Ball ein Abdruck genau an der Stelle hinterläßt, an der er gelegen hat.

2. Der Winkel zwischen linkem Arm und Schläger kann sich zu spät aufgelöst haben. Wenn im Treffmoment noch ein Winkel zwischen linkem Arm und Schläger besteht, so ist der ursprüngliche Radius (von Arm und Schläger) noch nicht wiederhergestellt und der Ball wird zu weit oben getroffen.

Der Golfspieler, der zu dieser Art des Toppens neigt, sollte versuchen, den Schläger durch ein rechtzeitiges Auflösen des Handgelenkwinkels (zur Kleinfingerseite) frühzeitig im Abschwung zu beschleunigen und dabei das Gefühl haben, den Boden vor dem Ball zu treffen.

Fette Schläge

Fette Schläge, das heißt Schläge, bei denen der Schläger zu früh (zu weit rechts) in die Erde gekommen ist, werden instinktiv meist falsch korrigiert. Man denkt nach diesem Schlag sofort, daß man es beim nächsten Mal vermeiden muß, in die Erde zu kommen, weil man das Divot mit einem schlechten Schlag assoziiert. In Wirklichkeit muß man aber nur dafür sorgen, daß der Schläger weiter links in die Erde kommt, denn ein Divot ist nichts Negatives, sondern bei Eisenschlägen dringend notwendig.

Um die Ursache für einen fetten Schlag herauszufinden, müssen Sie das Divot näher

Der Ball wird in den meisten Fällen unterschlagen, wenn der vertikale Eintreffwinkel zu steil ist

betrachten. Zeigt es rechts vom Ziel, so verlief die Schwungkurve von innen nach außen und war somit für das frühe Auftreffen des Schlägers in den Boden verantwortlich. Zeigt es dagegen zum Ziel oder sogar links davon, so war der Eintreffwinkel aus einem anderen Grund zu flach (siehe hierzu Seite 68 f.).

Unterschlagen von Hölzern

Das Unterschlagen der Bälle mit Hölzern vom Tee liegt in den seltensten Fällen an einem zu hohen Aufteen. Vielmehr kommt der Schläger meist zu steil in den Ball, so daß er den Ball mit seiner oberen Kante trifft und ihn deshalb mehr in die Luft als nach vorne schlägt (siehe hierzu auch „Zu steiles oder zu flaches Eintreffen des Schlägers“, Seite 78).

Pull

Beim Pull ist das Schlägerblatt im Verhältnis zur Ziellinie nach links verkantet, und der Schlägerkopf schwingt von außen nach innen durch den Ball. Um herauszufinden, welche der beiden Abweichungen vom optimalen Treffmoment korrigiert werden muß,

sollte man die Schläge, die nicht pullen, in die Korrektur einbeziehen.
Wenn die anderen Schläge slicen, was meist der Fall ist, so ist die Schwungbahn von außen nach innen zu korrigieren. Sollten die anderen Schläge hooken, so ist das nach links verkantete Schlägerblatt zu korrigieren.

Push

Beim Push ist das Schlägerblatt, bezogen auf die Ziellinie, nach rechts verkantet, und der Schlägerkopf schwingt von innen nach außen durch den Ball. Um hier herauszufinden, welche der beiden Abweichungen vom optimalen Treffmoment korrigiert werden muß, sollte man die Schläge, die nicht pullen, ebenfalls bei der Korrektur berücksichtigen. Die Schwungbahn muß korrigiert werden, wenn die anderen Schläge hooken; das Schlägerblatt, wenn sie slicen.

Socket oder Shank

Der Name dieses Fehlschlages leitet sich von der Schlägerferse ab (Socket = Fassung des Schlägerkopfes), mit der der Ball getroffen wird. Der Ball wird bei Eisenschlägen unabhängig von der Ursache stark nach rechts und bei Schlägen mit Hölzern stark nach links starten.
Wie auf Seite 72 bereits erklärt, kann Ihr Sokket zwei Ursachen haben. Schwingen Sie den Schläger und/oder Ihre Arme zum Beispiel auf einer zu flachen Ebene zurück, werden Sie mit dem Schlägerkopf im Abschwung wahrscheinlich zu weit nach außen geraten und den Ball mit der Hacke des Schlägers treffen. Sollte dies so sein, müssen Sie die Lage Ihres Balles und Ihre Ausrichtung überprüfen. Liegt der Ball zu weit links, so kommt die rechte Schulter beim Ansprechen meist zu weit nach vorne – die Schultern sind somit zu weit nach links ausgerichtet. Aus dieser Ansprechposition würde man den Schläger normalerweise weit außerhalb der Ziellinie zurückschwingen.

Der Socket ist der gefürchtetste Fehlschlag. Die Ursache liegt meist in einem zu flachen Ausholen oder einem zu späten Schlagen

Allgemein merkt man dies aber unbewußt und wird den Schläger deshalb mehr nach innen schwingen, wobei man, zur Ziellinie gesehen, vielleicht sogar richtig zurückschwingt; in Relation zu sich selbst aber zu weit nach innen, also zu flach. Sehr häufig tritt dieser Fehler bei kurzen Schlägen auf, weil man vorher gehört oder gesehen hat, daß man sich bei diesen Schlägen offen (das heißt nach links) ausrichten soll. Dagegen ist auch nichts einzuwenden, wenn man sich ausschließlich mit den Füßen nach links ausrichtet. Meist werden jedoch die Schultern mit einbezogen. Bei vollen Schwüngen kann der Schläger, auch wenn er zu weit nach innen (zu flach) zurückgeschwungen wurde, durch eine Ausgleichsbewegung im zweiten Teil des Ausholens häufig noch in die richtige Bahn gelangen. Bei einem halben Schwung ist diese Ausgleichsbewegung jedoch nur schwer möglich.
Der andere Grund für diesen Fehlschlag ist ein weit nach rechts verdrehtes Schlägerblatt im Treffmoment, das meist bei einem zu späten Schlagen (beim Auflösen des Winkels zwischen linkem Unterarm und Schläger) auftritt. Bei einem nach rechts verdrehten Schlägerblatt kommt die Hacke dem Ball erheblich näher als die Spitze, was wiederum zu einem Socket führen kann. In diesem Fall wird man bei vollen Schlägen die Bälle meist slicen. Sollten Sie das bei sich feststellen, überprüfen Sie als erstes Ihren Griff, und drehen Sie Ihre Hände gegebenenfalls weiter nach rechts. Sorgen Sie dann im Abschwung dafür, daß der Schlägerkopf die Hände rechtzeitig einholt und nicht im Treffmoment noch weit zurückhängt. Ihre langen Schläge sollten dann nicht mehr slicen und die kurzen nicht mehr mit der Hacke getroffen werden.
Treten Sockets zusammen mit Hooks auf, so ist dies einer der seltenen Fälle, bei denen der Socket durch eine Schwungkurve von innen nach außen entsteht.

Treffen mit der Spitze

Genau wie das Socketieren kann das Treffen des Balles mit der Schlägerspitze zwei Ursachen haben. Entweder die Schläger und/oder die Armebene sind/ist zu steil oder der Schläger ist im Treffmoment nach links verdreht. Am Ballflug kann man sehr gut erkennen, worauf dieser Fehlschlag zurückzuführen ist. Dreht der Ball nach rechts ab, war die Arm- oder die Schlägerebene zu steil; dreht er nach links ab, war das Schlägerblatt nach links verkantet. Wenn Sie ersteres bei sich feststellen, sollten Sie auch Ihre Ansprechposition überprüfen. Ist der Oberkörper zu Beginn des Schwunges zu weit nach vorne gebeugt, entsteht während des Schwunges ein Schulterkippen (eine zu steile Drehung der Schultern), was meist zu einer zu steilen Armebene führt. Um diesen Fehler zu beseitigen, sollten Sie Bälle aus erhöhten Lagen (entweder im Hang oder von sehr hohen Tees) schlagen. Dies zwingt Sie dazu, Arme und Schläger mehr nach hinten zu schwingen. Der Schläger wird dann beim Abschwung mehr nach vorne kommen und den Ball mit der Schlägerkopfmitte treffen.

Durch die rundere Bewegung wird sich der Schläger im Verlauf der Ausholbewegung mehr öffnen und im Abschwung mehr schließen, und Ihre Bälle werden nicht mehr nach rechts abdrehen.

Drehen die Bälle, die Sie mit der Spitze des Schlägers treffen, jedoch nach links, so sollten Sie Ihren Griff überprüfen und die Hände gegebenenfalls mehr nach links drehen. Haben Sie damit das Problem noch nicht beseitigt, so achten Sie beim Abschwung darauf, daß Sie nicht nur die Arme und Hände einsetzen, sondern auch Ihre Hüften aus dem Weg drehen. Damit erreichen Sie, daß der Schläger die Hände nicht zu früh überholt und so das Schlägerblatt zu früh geschlossen wird.

Die untere Körperhälfte darf bei der Ausholbewegung weder nach rechts geschoben werden...

Zu wenig Länge

Ein langer Schlag ist das Ergebnis eines optimalen Treffmoments, bei dem alle sechs Treffmomentfaktoren stimmen. Die Annahme, daß bei zu kurzen Schlägen die Schlägerkopfgeschwindigkeit zu gering sei, trifft nur dann zu, wenn alle anderen Faktoren richtig sind. In den meisten Fällen liegt es eher an einem fehlerhaften Treffen – das Schlägerblatt ist verdreht, der Sweet Spot wurde verfehlt, oder die Schwungbahn verlief nicht von innen nach innen durch den Ball. Sind Sie jedoch sicher, daß alle diese Faktoren stimmen und die Schlaglänge immer noch unbefriedigend ist, so lesen Sie auf Seite 72 f. nach, was die Ursache für zu geringe Schlägerkopfgeschwindigkeit sein kann.

Inkonstanz

Inkonstanz ist bei sehr vielen Golfspielern zu finden. Sie beruht aber nicht darauf, daß bei jedem Schlag ein neuer Fehler auftritt. Wie Sie vorher gelesen haben, kann ein Fehler ganz unterschiedliche Auswirkungen haben. Versuchen Sie daher zuerst, ein Muster in Ihren Fehlschlägen zu finden, denn in den meisten Fällen sind sie auf nur eine Ursache zurückzuführen.

Des weiteren gibt es noch Fehler in der Haltung und/oder im Bewegungsablauf, die zu ganz unterschiedlichen Bällen führen können, aber den vorgenannten Fehlschlägen nicht eindeutig zugeordnet werden können, zum Beispiel das *Schieben mit der unteren Körperhälfte*.

... noch nach links ausweichen (M.), sondern sollte als Stütze für den Oberkörper dienen. Als Hilfe kann hier ein Regenschirm verwendet werden, der neben dem rechten Bein in den Boden gesteckt wird (r.)

Wird das rechte Bein während der Ausholbewegung zusammen mit dem Oberkörper nach rechts verschoben (das Gewicht gerät somit auf die Außenseite des rechten Fußes), baut sich keine genügend große Spannung zwischen Ober- und Unterkörper auf. Die untere Körperhälfte, insbesondere das rechte Bein, sollte dem Oberkörper, der sich seitlich aufdreht, während des Ausholens als Stütze dienen und sich leicht drehen, aber nicht nach rechts verschieben. Diesem Problem können Sie abhelfen, indem Sie in der Ansprechhaltung einen Regenschirm neben Ihr rechtes Bein stecken. Beim Ausholen können Sie nun Ihren Oberkörper leicht nach rechts bewegen, nicht aber Ihr rechtes Bein.

Wie im Kapitel „Der Schwung" erwähnt, soll sich der Körper in der ursprünglichen Haltung um die Wirbelsäule drehen. Dem Anfänger fällt dies sehr schwer, da der Schläger und die Arme sich unter anderem nach oben bewegen, der Körper dies aber nicht darf. Um dieses Problem in den Griff zu bekommen, benutzen Sie am besten einen großen Spiegel, in dem Sie Ihren Bewegungsablauf beobachten und gegebenenfalls korrigieren können. Mit Hilfe dieser optischen Kontrolle können Sie bei Probeschwüngen das richtige Gefühl für einen Schwung in der Haltung bekommen, das Sie dann auf die Schwünge mit Ball übertragen. Vermeiden Sie es in jedem Fall, der dabei auftretenden Spannung im rechten Bein und im Rücken auszuweichen.

Vor allem Golfanfänger, aber auch fortgeschrittene Spieler, schlagen häufig sehr unökonomisch (großer Aufwand für ein bescheidenes Längenergebnis), was sie dann häufig bewußt oder unbewußt durch ein *überlanges Ausholen* auszugleichen versuchen. Dies kann in wenigen Fällen auch gelingen, wird aber niemals Regelmäßigkeit ermöglichen. Versuchen Sie also in diesem Fall lieber Ihre Schlaglänge durch ein korrektes Treffen anstelle eines überlangen Ausholens zu steigern. Ferner sollten Sie wissen, daß einem die Ausholbewegung immer erheblich kürzer vorkommt, als sie tatsächlich ist.

Achten Sie darauf, daß Sie im oberen Totpunkt weder den Griff noch die Arme zu stark vom Körper lösen, und den ursprünglichen Abstand der Hände zum Brustbein nicht verändern. Wenn letzteres passiert, sollten Sie sich darauf konzentrieren, den rechten Arm von sich weg zu drücken, anstatt den linken Arm durchzustrecken, da dies meist zu einer ungewollten Muskelanspannung führt.

Mit *„Reverse Pivot"* bezeichnet man einen Golfschwungfehler, bei dem sich das Gewicht während des Ausholens nach links und bei der Vorwärtsbewegung nach rechts verlagert, also genau verkehrt herum. Dieser Fehler entsteht häufig dadurch, daß man versucht, seinen Kopf während des Schwunges an einer Stelle zu lassen und sich ohne eine seitliche Komponente zu drehen.

Werfen Sie in diesem Fall einmal einen Golfball so weit Sie können, und beobachten Sie, wie Sie Ihr Gewicht beim Ausholen automatisch nach rechts und bei der Vorwärtsbewegung nach links verlagern. Natürlich wird die seitliche Bewegung beim Golfschwung nicht so ausgeprägt sein wie beim Werfen. Das Prinzip ist jedoch das gleiche.

Ein Fehler, der jedoch immer seltener auftritt, ist das gegenläufige Gewichtsverlagern („Reverse Pivot"). Beim Ausholen verlagert sich das Gewicht nach links (l.) und beim Abschwung nach rechts (r.)...

...das kann daran liegen, daß man versucht, den Kopf während des Schwunges zu fixieren. Bei einer korrekten Bewegung bewegt sich der Kopf mit der Körperdrehung um die Wirbelsäule beim Ausholen nach rechts und beim Durchschwung nach links

FEHLER UND KORREKTUREN

- Über den Flug des Balles entscheiden ausschließlich die Treffmomentfaktoren: Treffen mit dem Sweet Spot, Schlägerkopfgeschwindigkeit, Schlägerblattausrichtung, horizontaler Eintreffwinkel, vertikaler Eintreffwinkel und Schläger-Lie im Treffmoment.
- Alle möglichen Abweichungen vom optimalen Treffmoment sind auf Fehler beim Schwung zurückzuführen.
- Anhand des Ballfluges (Start- und Drehrichtung), des Divots und dem eventuellen Verdrehen des Schlägers in der Hand läßt sich der Treffmoment analysieren.
- Auch unterschiedliche Ballflüge haben meist eine Ursache.
- Jeder einzelne Golfer macht meist immer wieder den gleichen Fehler.

DIE URSACHEN DER HÄUFIGSTEN FEHLSCHLÄGE

SLICE

- Griff: Hände zu sehr nach links verdreht
- Stand: Ball zu weit links
- Haltung: Schultern nach links ausgerichtet
- Linkes Handgelenk: Dorsal gebeugt
- Abschwung: zu spätes Schlagen mit zu viel Körperdrehung
- Armebene: zu steil
- Eintreffen des Schlägers von außen

UNTERSCHLAGEN DER HÖLZER VOM TEE

- Schwungbahn des Schlägers von außen nach innen
- Körperschwerpunkt im Treffmoment vor dem Ball
- Zu steile Armebene

HOOK

- Griff: Hände zu sehr nach rechts verdreht
- Stand: Ball zu weit rechts
- Haltung: Schultern nach rechts ausgerichtet
- Linkes Handgelenk: Volar gebeugt
- Abschwung: zu frühes Schlagen mit zu wenig Hüftdrehung
- Armebene: flach
- Eintreffen des Schlägers zu stark von innen

FETTE SCHLÄGE

- Schwungbahn des Schlägers von innen nach außen
- Zu frühes Schlagen
- Körperschwerpunkt im Treffmoment zu weit hinter dem Ball
- Kippende Schulterbewegung

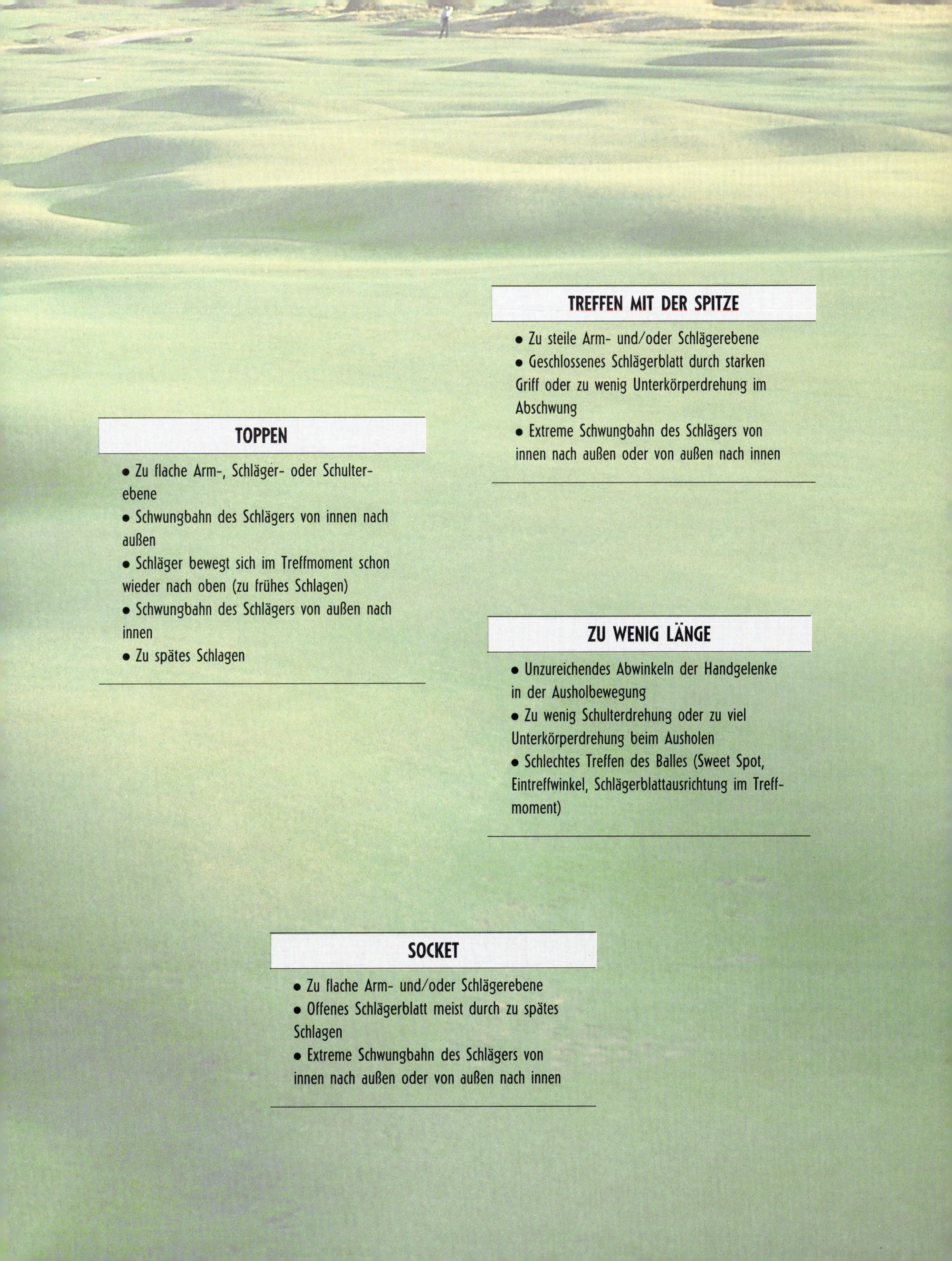

TREFFEN MIT DER SPITZE

- Zu steile Arm- und/oder Schlägerebene
- Geschlossenes Schlägerblatt durch starken Griff oder zu wenig Unterkörperdrehung im Abschwung
- Extreme Schwungbahn des Schlägers von innen nach außen oder von außen nach innen

TOPPEN

- Zu flache Arm-, Schläger- oder Schulterebene
- Schwungbahn des Schlägers von innen nach außen
- Schläger bewegt sich im Treffmoment schon wieder nach oben (zu frühes Schlagen)
- Schwungbahn des Schlägers von außen nach innen
- Zu spätes Schlagen

ZU WENIG LÄNGE

- Unzureichendes Abwinkeln der Handgelenke in der Ausholbewegung
- Zu wenig Schulterdrehung oder zu viel Unterkörperdrehung beim Ausholen
- Schlechtes Treffen des Balles (Sweet Spot, Eintreffwinkel, Schlägerblattausrichtung im Treffmoment)

SOCKET

- Zu flache Arm- und/oder Schlägerebene
- Offenes Schlägerblatt meist durch zu spätes Schlagen
- Extreme Schwungbahn des Schlägers von innen nach außen oder von außen nach innen

Der 1885 gegründete Royal Cape Golf Club – mit Blick auf den Tafelberg – ist bis heute fest in britischer Hand. Dieser spektakuläre Golfplatz war schon mehrmals Austragungsort der Offenen Südafrikanischen Meisterschaften

DAS KURZE SPIEL

Wir kommen nun zu dem Teil des Spieles (Schläge unter 40 Meter), der in der Praxis etwa 60 Prozent ausmacht, von den meisten Golfern aber in ihrer Übungszeit mit selten mehr als 10 Prozent bedacht wird.

Anscheinend langweilen uns die kurzen Schläge, oder es liegt daran, daß wir unsere Mitspieler lieber mit langen Drives beeindrucken wollen als mit gelungenen Annäherungen und Putts. Dies ist auch weiter nicht tragisch, wenn nicht der Score, sondern die Wertschätzung durch Mitspieler die höhere Priorität genießt.

Viele Golfer geben Spaß als die hauptsächliche Motivation für das Golfspielen an und rechtfertigen damit die Vernachlässigung des kurzen Spiels. Ich frage mich allerdings, ob jene, die auf der Runde ab und zu mit spektakulären langen Schlägen glänzen, wirklich eine große Befriedigung empfinden können, wenn sie mit ansehen müssen, wie ihre Mitspieler mit weitaus mäßigeren vollen Schlägen ständig als erste abschlagen, weil sie rund ums Grün nicht so viele Schläge verschenken.

Ich will Ihnen verdeutlichen, warum ein gutes kurzes Spiel letztendlich mehr befriedigt als gute lange Schläge. Stellen Sie sich vor, daß Sie ein Par 5 Loch zweimal spielen: Beim ersten Mal gelingt Ihnen ein schnurgerader 250-Meter-Drive, gefolgt von einem 230-Meter-Schlag mit Holz 3 mitten aufs Grün. Leider machen Sie trotz einer Eagle-Chance drei Putts und verlassen das Grün mit einem Par (5 Schläge).

Nun spielen Sie das gleiche Loch noch einmal. Dieses Mal slicen Sie den Ball mit Ihrem Holz 5 vom Abschlag ins Rough. Der Ball flog nur 160 Meter weit. Aus dem rechten Rough hooken Sie ihn mit Ihrem Eisen 5 130 Meter weit ins linke Rough. Den nächsten Schlag – wieder mit dem Eisen 5 – treffen Sie so fett, daß er nur 90 Meter in den nächsten Fairwaybunker fliegt. Aus dem Fairwaybunker nehmen Sie ein Eisen 7 und toppen den Ball, der dann knapp aufs Grün kullert. Aus 20 Metern gelingt Ihnen aber ein sensationeller Putt mitten ins Loch. Wieder verlassen Sie das Grün mit einer Fünf.

In welchem Fall werden Sie das Grün mit

Im Vergleich zu amerikanischen Golfplätzen, bei denen Annäherungsschläge aufgrund der Platzarchitektur – viele Bunker, hohes Gras und Wasserhindernisse rund um die Grüns – meist hoch gespielt werden müssen, sind auf den harten englischen Grüns – auch oftmals wegen des Windes – häufiger flache Annäherungsschläge erforderlich

größerer Freude verlassen? Im zweiten ganz sicher. Nach dem ersten Mal werden Sie wutschnaubend am nächsten Abschlag stehen und wahrscheinlich jetzt noch mehr riskieren, wohingegen Sie sich bei dem zweiten Beispiel diebisch über Ihr gerettetes Par freuen werden und mit dem Gefühl, daß Sie selbst bei einem verzogenen Abschlag noch in der Lage sind, Par zu spielen, in Ruhe abschlagen.

Entschließt sich ein hauptsächlich an guten Ergebnissen interessierter Golfer dazu, dem Üben etwas mehr Zeit zu opfern, so sprechen mehrere Gründe dafür, diese Zeit dem kurzen Spiel zu widmen.

- Das Üben der kurzen Schläge zahlt sich im Vergleich zu den langen erheblich schneller und sicherer aus. Wie häufig haben wir schon erfahren müssen, daß wir nach dem Üben der langen Schläge schlechter waren als vorher. Beim Putten ist dies unwahrscheinlicher. Zudem würde bei den meisten Golfern ein richtiges Putt-Training, das auch zu Hause durchgeführt werden kann, die Leistungen erheblich steigern, ohne die Technik verändern zu müssen. Bei den langen Schlägen muß in der Regel erheblich mehr Zeit aufgewendet werden, um eine sichere Verbesserung zu erzielen.
- Eine grundverkehrte Putt-Technik läßt sich häufig in sehr kurzer Zeit korrigieren. Beim vollen Schwung kann das Jahre dauern!
- Das Alter eines Golfspielers spielt bei Schlägen unter 40 Metern eine untergeordnete Rolle, da die Technik kaum Ansprüche an Beweglichkeit, Kraft und Schnelligkeit stellt.
- Beim kurzen Spiel unterliegt man nicht so großen Formschwankungen, wie wir sie von den vollen Schlägen kennen. Somit wird der Spieler, der hier seine Stärken hat, beständiger spielen.

Da die Zahl der möglichen Situationen rund um das Grün sehr groß ist, beschränke ich mich auf die Grundtechniken. Diese kommen in den meisten Fällen zur Anwendung, auch wenn zum Beispiel bei Hanglagen oder besonders schlechten Ballagen Änderungen vorgenommen werden müssen, die hier unerwähnt bleiben.

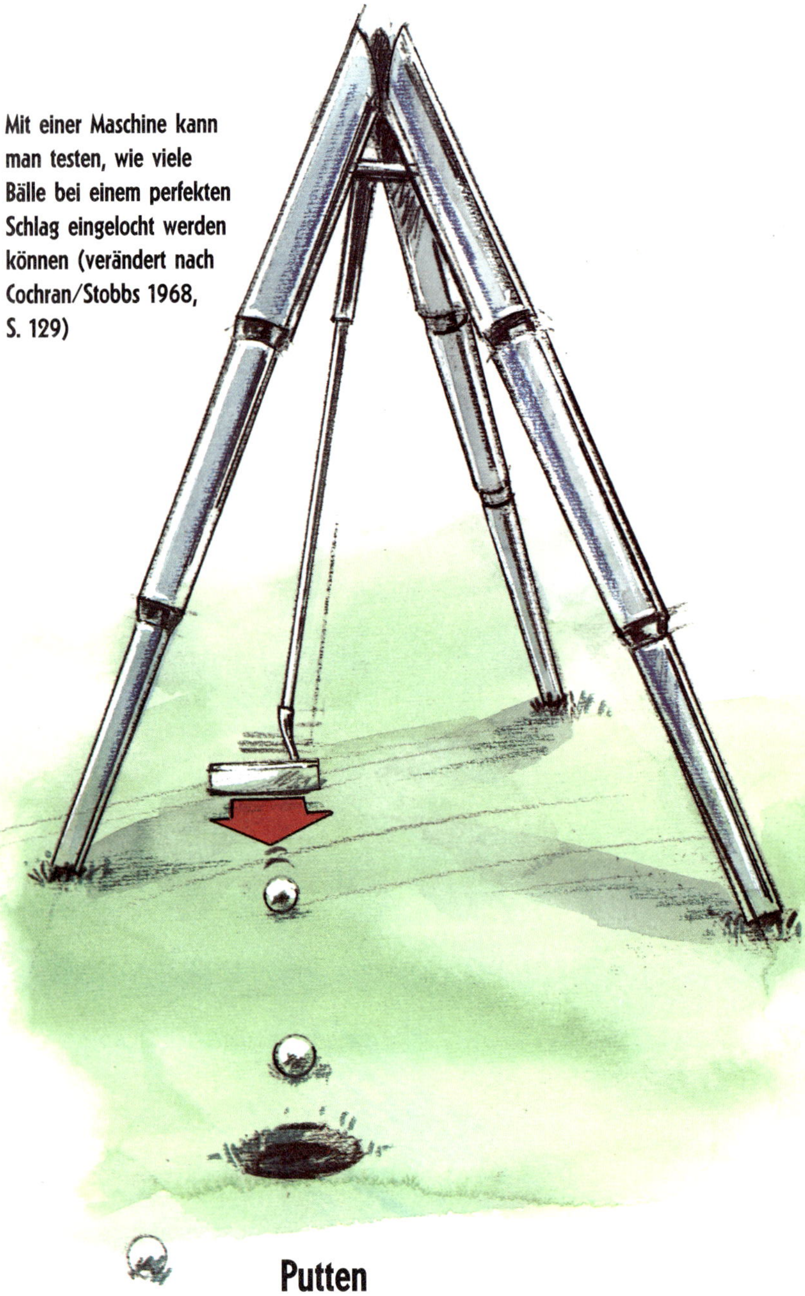

Mit einer Maschine kann man testen, wie viele Bälle bei einem perfekten Schlag eingelocht werden können (verändert nach Cochran/Stobbs 1968, S. 129)

Putten

Der Putter ist der meistbenutzte Schläger beim Golf, denn 43 Prozent aller Schläge sind Putts. Wer in diesem Bereich des Spiels Schwächen hat, wird nie sein bestes Golf spielen können. Wie Sie Ihr Putten mit kontinuierlich richtigem Training auf ein Niveau bringen, das Sie vorher nicht für möglich gehalten hätten, erfahren Sie in diesem Kapitel.

Wissenschaft auf den Grüns

Das Putten galt sehr lange Zeit als eine Kunst, die man entweder beherrscht oder eben auch nicht. Da so viele unterschiedliche Techniken bei den Spitzenspielern zum Erfolg führen (man wird kaum zwei Pros mit der gleichen Technik finden), scheint auch kein Zusammenhang zwischen Erfolg und Technik zu bestehen. Viele, die auch nach intensivem Putt-Training nicht besser geworden sind, fühlten sich in dieser Annahme bestärkt.

Der Grund für diese Verwirrungen ist inzwischen jedoch bekannt: Im Gegensatz zu den langen Schlägen bekommen wir durch das Schlagresultat beim Putten kein zuverlässiges Feedback. Dies hat zwei Gründe:

1. Beim Putten ist es möglich, einen perfekten Schlag auszuführen und trotzdem zu scheitern. Aufgrund von unrunden Bällen, Pitch- und Spikemarken, Fußabdrücken und erhöhten Löchern (siehe S. 100 f.) wird der Ball selten in die Richtung laufen, die er unter perfekten Bedingungen einschlagen würde. Dies bedeutet, daß man zwar alles richtig machen kann, aber möglicherweise trotzdem weit am Loch vorbeiputtet. Ebenso ist der umgekehrte Fall möglich. Der Schlag kann zwar verkehrt sein, der Ball aber trotzdem ins Loch fallen. Ein ähnliches fehlleitendes Feedback hätte man vergleichsweise beim Schießen. Würde nämlich jemand nach dem Schießen auf ein weit entferntes Ziel Ihre Scheibe nach jedem Schuß durch eine andere ersetzen, bevor Sie das Ergebnis gesehen hätten, wäre ein Verbessern unmöglich.
2. Ist der Schlag nicht optimal, kann man beim Putten anhand des Ballverlaufes nicht feststellen, was verkehrt war. Ist der Ball zum Beispiel links am Loch vorbeigelaufen, so kann dies neben den unter Punkt 1 erwähnten Gründen drei Ursachen im Schlag gehabt haben: Der Schläger kann im Treffmoment nach links verdreht gewesen sein, er kann von außen nach innen quer durch

den Ball geschwungen sein oder der Ball wurde mit der Hacke des Schlägers getroffen. In allen drei Fällen wird man nur feststellen, daß der Ball links am Loch vorbeigeht.
Um herauszufinden, wie gut man beim Putten werden kann, wurde in den USA auf sehr guten Grüns folgender Test durchgeführt: Aus einem Gerät, das exakt auf das Loch ausgerichtet war, ließ man aus 3,50 Metern Entfernung eine große Zahl von Bällen mit stets gleicher Geschwindigkeit und Richtung auf das Loch zurollen. Die Erfolgsquote betrug nur 50 Prozent. Dies bedeutet, daß ein Golfspieler, auch wenn er perfekt puttet, aus dieser Entfernung jeden zweiten Ball am Loch vorbeischieben wird.
Wieviel Prozent bringen dann sehr gute Spieler aus dieser Entfernung ins Loch, werden Sie fragen. Statistiker der US-PGA Tour haben dies genau untersucht. Demnach

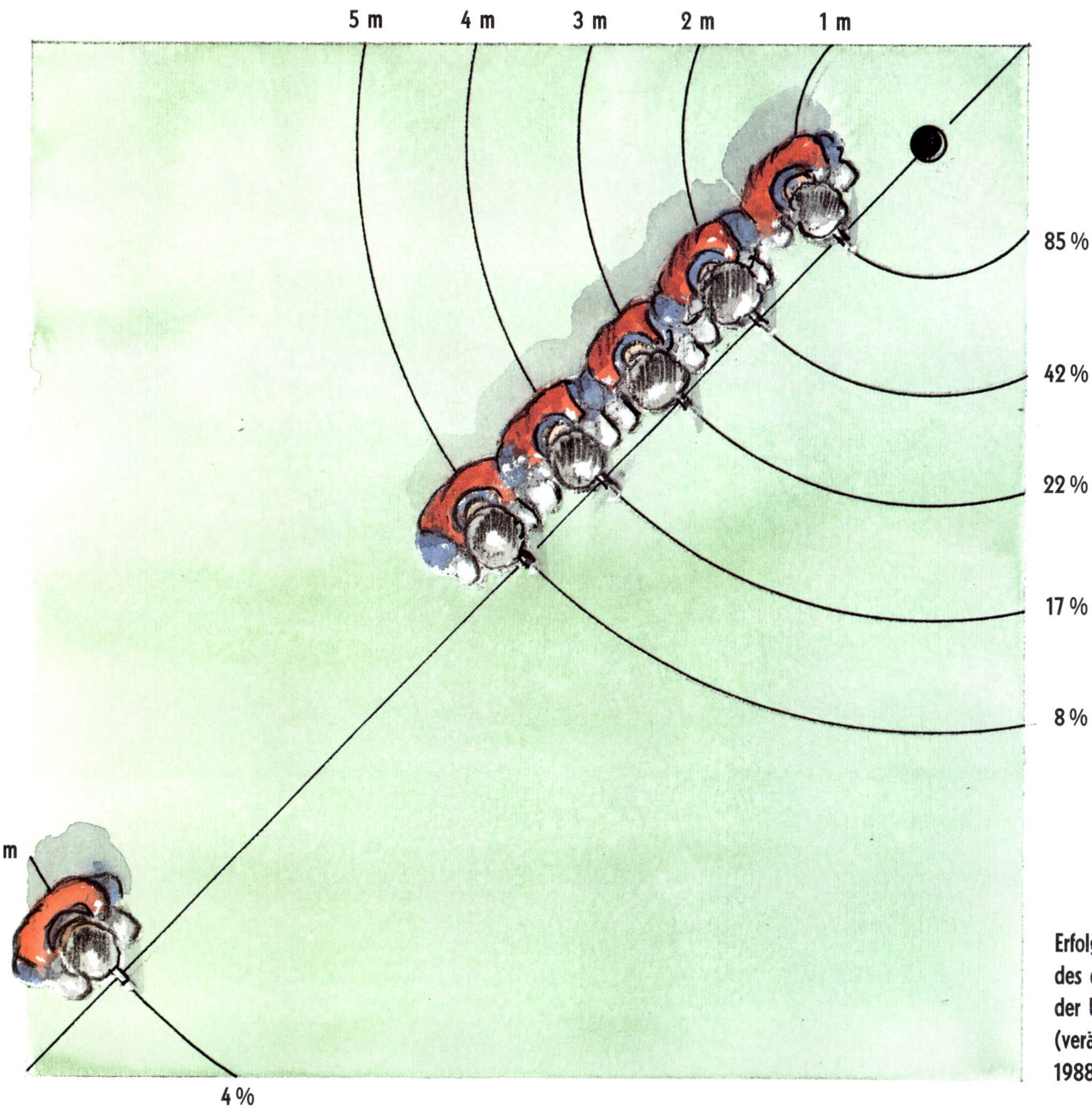

Erfolgsquoten beim Putten des durchschnittlichen Pros der US-PGA Tour (verändert nach Pelz 1988, S. 38)

bringt der durchschnittliche Pro unter Turnierbedingungen mit dem ersten Schlag nicht mehr als 20 Prozent aus der genannten Entfernung ins Loch. Dies macht es einem in den meisten Fällen unmöglich zu beurteilen, ob man selbst für das Scheitern oder den Erfolg eines Putts verantwortlich war.

Wie kann es sein, daß ein Ball, der mit der perfekten Geschwindigkeit und Richtung auf ein Loch startet, mit nur 50prozentiger Wahrscheinlichkeit ins Loch geht?

Zum einen haben wir es beim Golf nicht mit absolut runden Bällen zu tun. Ein kleiner Test beweist das: Bringen Sie einen Golfball in einem Glas voll Salzwasser (die Lösung muß so stark sein, daß der Ball darin schwimmt) zum Rotieren. Nachdem er zur Ruhe gekommen ist, wird der oberste Punkt, der aus dem Wasser schaut, mit einem wasserfesten Stift markiert. Danach drehen Sie ihn noch einmal. Kommt nun ein anderer Teil des Balles nach oben, so handelt es sich um einen Ball, dessen Schwerpunkt wirklich in der Mitte liegt. In den meisten Fällen wird aber der gleiche Punkt oben erscheinen. Dies ist dann der sichere Beweis, daß sich der Schwerpunkt des Balles nicht in der Mitte, sondern unterhalb der Mitte genau unter dem markierten Punkt befindet. Solch ein „Ei“ wird natürlich nicht geradeaus rollen und kann auch unter perfekten Bedingungen ohne Fremdeinwirkung am Loch vorbeigehen. Die Qualität eines Balles läßt sich durch die Zeit bestimmen, die er benötigt, um sich erneut auf den markierten Punkt einzupendeln. Je länger dies dauert, desto runder ist er. Wie können Sie nun von diesem Test profitieren?

- Sie können die unrunden Bälle aussortieren und dann nur in Ihren Trainingsrunden verwenden.
- Sie sollten bei Putts, die Sie wahrscheinlich einlochen können, den markierten Punkt nach oben legen, damit der Ball vertikal und nicht aus der vorgesehenen Richtung „herauseiert“.

Weitere Ursachen dafür, daß Sie sich mit einer gewissen Fehlquote zufrieden geben müssen, sind Fußabdrücke, Spike- und Pitchmarken. Auch wenn sie von Ihnen manchmal nur sehr schwer zu erkennen sind, so ist eine Vertiefung von 3 mm für den kleinen Ball schon eine Grube. Manche Pitchmarken erzeugen Vertiefungen, die bis zu 15 Prozent der Höhe des Balles ausmachen. Grüns können nie so eben sein, wie ein Billardtisch, weshalb man auf ihnen auch nie so präzise spielen kann.

Nun aber zum Hauptgrund, weshalb so viele Bälle, die ein Einlochen verdient hätten, danebengehen. Ein Flight von vier Golfern hinterläßt durchschnittlich etwa 500 Fußabdrücke, wenn sie die Puttlinien lesen, die Bälle markieren, die Fahne bedienen und

Da die Fläche in 2 Meter Umgebung um das Loch sehr stark betreten wird, aber fast kein Golfer auf die unmittelbare Umgebung des Loches tritt, wird aus jedem Loch ein Vulkan-Kegel (verändert nach Pelz 1988, S. 35)

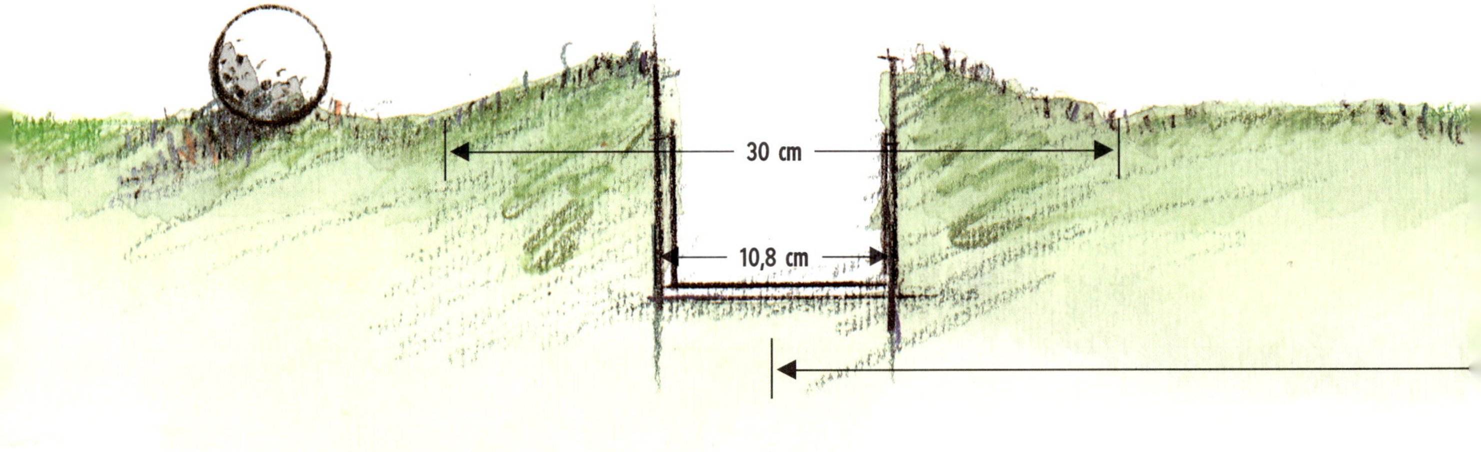

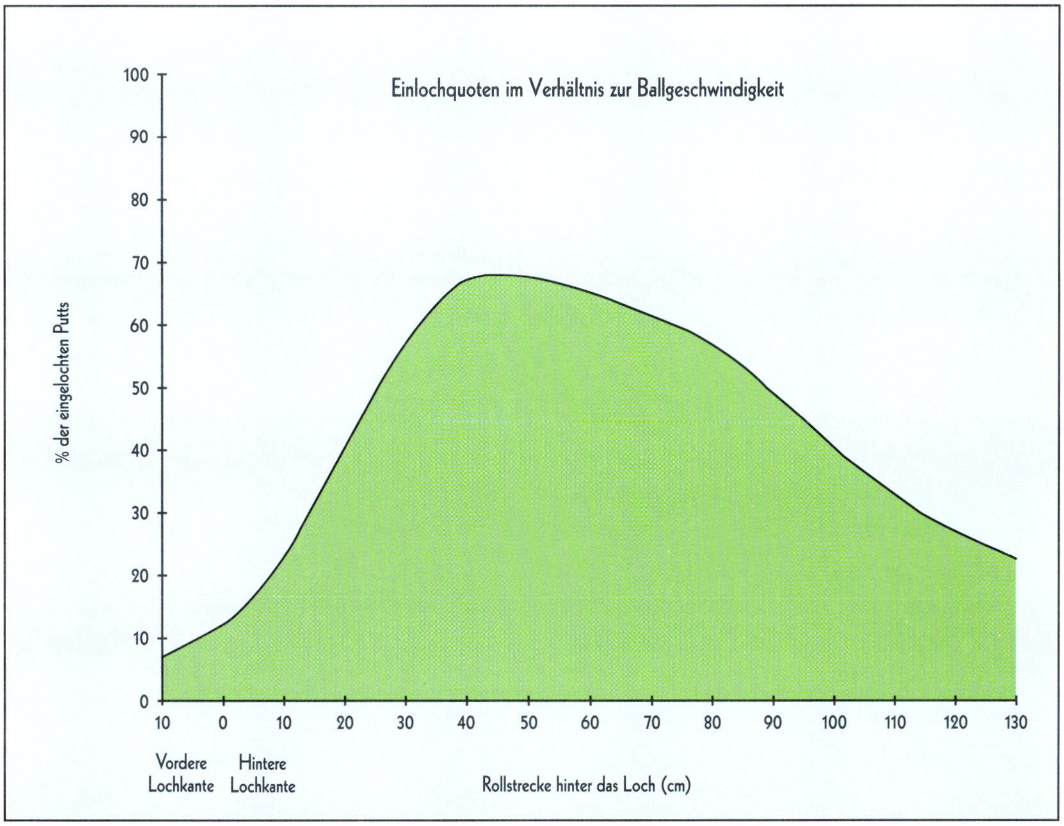

Diese Tabelle verdeutlicht, wie sich die Wahrscheinlichkeit, daß der Ball ins Loch fällt, abhängig von seiner Geschwindigkeit verändert. Sie ist am größten, wenn der Ball so schnell gespielt wird, daß er – angenommen das Loch sei abgedeckt – 43 Zentimeter dahinter rollen würde (verändert nach Pelz 1988, S. 128)

den Ball putten. Um das Loch herum werden sich die Fußabdrücke natürlich konzentrieren. Es tritt jedoch niemand in die unmittelbare Umgebung des Loches, so daß die Erde hier nicht komprimiert wird.

Da die Fläche im Umkreis von etwa zwei Metern sehr stark belaufen ist, wird der Boden sich in der wenig belaufenen Fläche nach oben ausdehnen und dadurch jedes Loch zu einem „Vulkankegel“ machen. Die maximal mögliche Einlochquote wird hierdurch stark reduziert. Was kann man dagegen tun?

- In Trainingsrunden sollte man so früh wie möglich spielen, da die Löcher dann frisch gestochen sind und noch nicht so viele Golfer vor einem die Grüns zertrampelt haben.
- Der Ball muß eine bestimmte Geschwindigkeit haben, wenn er das Loch erreicht. Je langsamer er ist, desto anfälliger wird er (durch Unebenheiten vor dem Loch) für Richtungsänderungen. Seine Geschwindigkeit darf aber auch nicht so hoch sein, daß er über das Loch hinweg hoppelt oder den Rückputt zum Problem macht.

Treffmomentfaktoren

Viele von Ihnen erwarten wahrscheinlich am Anfang des Kapitels über das Putten die Erklärungen eines korrekten Griffes, einer guten Haltung und der richtigen Bewegung. Diese werden Sie erst ziemlich am Ende finden, denn dem Ball ist es erst einmal egal, wie Sie den Putter festhalten, ob Sie locker sind und ob Sie positiv denken.

Natürlich gibt es Griffe, Haltungen und Bewegungen, die zum Putten mehr oder weniger geeignet sind. Zunächst möchte ich jedoch klarstellen, was dafür verantwortlich ist, daß der Ball mit der richtigen Geschwindigkeit in die richtige Richtung startet.

Ein guter Putt ist in der Hauptsache von drei Faktoren abhängig:

1. Der Schlägerkopf bewegt sich im Treffmoment genau in die Richtung, in die der Ball starten soll.
2. Das Schlägerblatt ist im Treffmoment genau senkrecht zur Richtung, in die der Ball starten soll.
3. Der Schlägerkopf trifft den Ball genau mit dem Sweet Spot.

Das Problem besteht darin, daß sich nur der erste Faktor mit bloßem Auge erkennen läßt. Ob das Schlägerblatt im Treffmoment gerade war oder ob der Ball mit dem Sweet Spot getroffen wurde, kann niemand sehen. Faktor 1 ist aber nur zum geringen Teil dafür verantwortlich, ob der Ball in das Loch geht oder nicht, denn er wird, wenn der Schläger 10° in die falsche Richtung schwingt, nur 2° in die falsche Richtung starten. Zeigt allerdings das Schlägerblatt im Treffmoment 10° nach rechts, wird er 8° nach rechts starten, aber nicht wie lange Schläge nach rechts drehen, sondern nur in seiner Startrichtung beeinflußt und durch den Seitwärtsdrall etwas kürzer rollen. Trifft der Putter den Ball nicht mit dem Sweet Spot, so wird der Ball, vorausgesetzt die Dosierung war richtig, in keinem Fall ins Loch gehen. Er wird viel zu kurz bleiben, weil durch die Verdrehung des

Wenn sich der Putter 20° in die falsche Richtung bewegt, so wird – vorausgesetzt, alle anderen Treffmomentfaktoren stimmen – der Ball nur 4° in die falsche Richtung starten (nach Pelz 1988, S. 50)

Putters Energie verlorengeht. Eine genaue Angabe, wie stark dieser Faktor das Ergebnis beeinflußt, ist nicht möglich, da die Strecke, um die der Ball kürzer laufen wird, vom Puttermodell und von der Stärke, um die der Sweet Spot verfehlt wurde, abhängig ist. Hätte man allerdings die Wahl, nur einen der drei Faktoren perfekt zu beherrschen, so sollte man den dritten wählen. Der Ball hat hier zumindest die Chance, ins Loch zu gehen, und man wird so selten mehr als drei Putts benötigen. „Drei-Putts" sind meist erforderlich, weil der Ball nach dem ersten Putt viel zu lang oder zu kurz gewesen ist – nicht weil er zu weit rechts oder links endete. Zusätzlich heben sich die Faktoren 1 und 2 häufig gegenseitig auf. Doch schauen wir uns die drei fundamentalen Treffmomentfaktoren im folgenden einmal genauer an: Der *Putterweg* kann im Treffmoment entweder genau entlang der Ziellinie verlaufen, was optimal wäre; er kann nach links verlaufen, was man am häufigsten sieht; oder nach rechts. Es herrscht jedoch große Unsicherheit darüber, auf welcher Bahn sich der Putterkopf vor und nach dem Treffmoment befinden soll. Beim vollen Schwung haben wir gesehen, daß eine Kreisbahn von innen nach innen unumgänglich ist. Die bis heute am häufigsten gezogene Schlußfolgerung lautet daher, daß dies beim Putten in abgeschwächter Form auch richtig ist. Die richtige Bahn des Schlägerkopfes ist aber aus folgenden Gründen keine Kreisbahn:

1. Die Bewegung der Schultern ist beim Putten keine drehende, sondern eine pendelnd kippende (dazu später mehr).
2. Die Hände befinden sich in der korrekten Haltung (von der Seite aus gesehen genau senkrecht unter den Schultern).

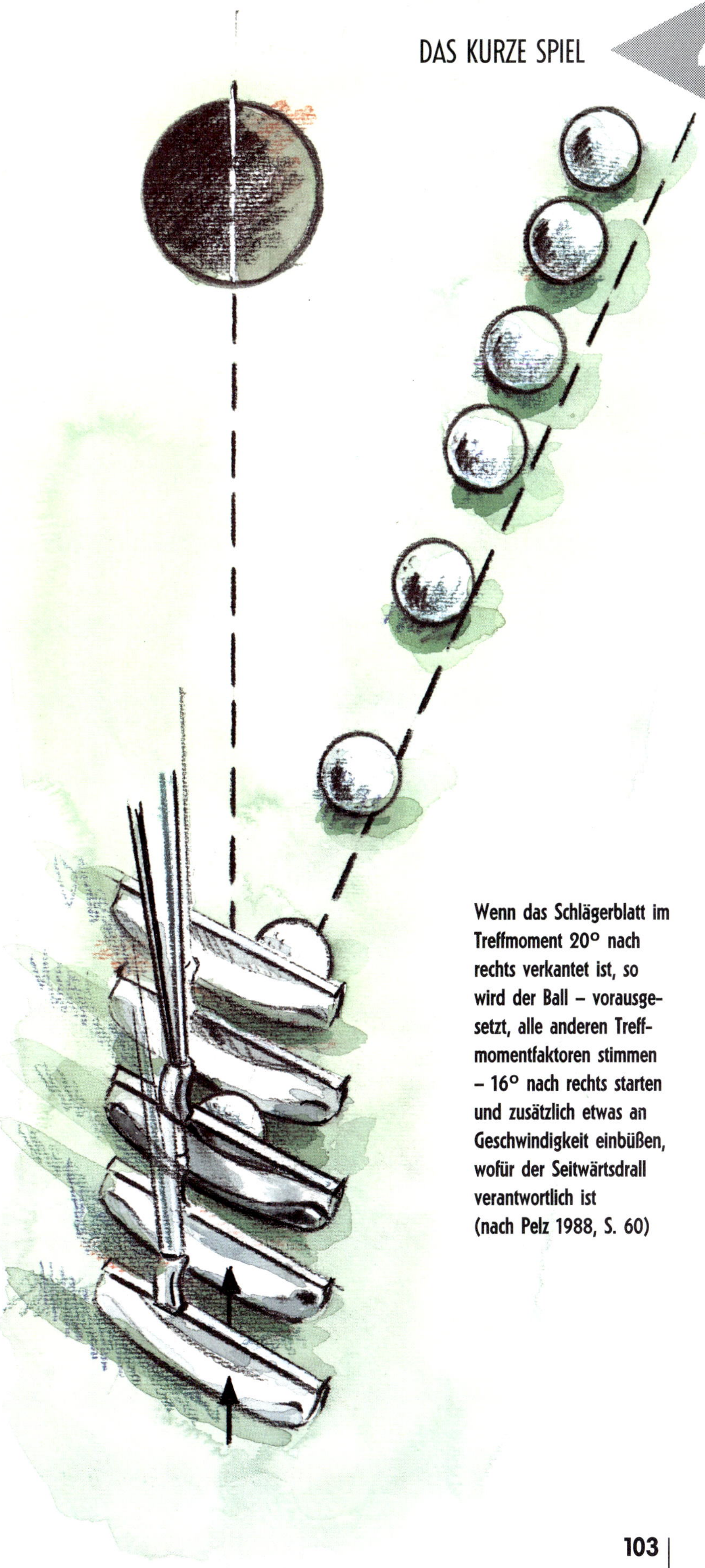

Wenn das Schlägerblatt im Treffmoment 20° nach rechts verkantet ist, so wird der Ball – vorausgesetzt, alle anderen Treffmomentfaktoren stimmen – 16° nach rechts starten und zusätzlich etwas an Geschwindigkeit einbüßen, wofür der Seitwärtsdrall verantwortlich ist (nach Pelz 1988, S. 60)

Genau wie bei einer Pendeluhr, deren Pendel sich senkrecht zum Boden befindet, wird das untere Ende von oben gesehen immer auf einer Geraden schwingen. Erst wenn man die Uhr schräg halten würde (dies wäre beim Putten der Fall, wenn sich die Hände des Spielers nicht unter den Schultern befänden), würde sich das untere Ende des Pendels auf einer Kreisbahn bewegen. Daß der Schlägerkopf also im Idealfall immer über der Ziellinie bleibt, bedeutet auch, daß seine Schlagfläche immer senkrecht zu ihr ist. Bei langen Schlägen muß sich der Schläger aufgrund der Kreisbahn in Relation zur Ziellinie öffnen und schließen. Beim Putten ist dies nicht richtig. Wenn der Putter jederzeit senkrecht zur Ziellinie bleibt, ist es nicht so entscheidend, wann er den Ball trifft. Die in der Vergangenheit so häufig diskutierte Frage der Ballage relativiert sich hierdurch. Um diesen Faktor zu testen beziehungsweise zu üben, können Sie zwei Holzbalken in einem Abstand von einer Putterkopfbreite plus zwei Zentimeter nebeneinander legen. Stellen Sie nun den Putter zwischen die beiden Holzbalken, und putten Sie von hier aus mehrere Bälle. Sind alle Schläge geräuschlos, so war der Schlägerweg richtig. Stoßen Sie an einen der beiden Balken, so ist der Schläger auf der falschen Bahn gewesen. Bei dieser Übung soll der Ball circa fünf Meter weit und nicht auf ein Loch geputtet werden. Erreichen Sie eine Erfolgsquote über 80 Prozent (das heißt 80 Prozent geräuschlose Schläge), sollten Sie die beiden Balken näher zusammenstellen. Sie sollten überdies mit senkrecht zur Ziellinie verlaufenden Strichen versehen werden, damit nach dem Ausholen und in der Endposition überprüft werden kann, ob das Schlägerblatt noch parallel zu diesen Linien ist.

Obwohl die *Schlägerblattstellung im Treffmoment* erheblich wichtiger ist als der gerade besprochene Putterweg, wurde sie in der Vergangenheit so gut wie nie geübt – denn man wußte nicht wie!

Während des Schwunges darf sich das Schlägerblatt des Putters nicht verdrehen. Bei den meisten Golfern öffnet sich der Schläger beim Ausholen und schließt sich im Durchschwung. Dies ist bei einem geraden Putterweg verkehrt und verringert die Chance, daß sich das Schlägerblatt im Treffmoment senkrecht zur Ziellinie befindet (nach Pelz 1988, S. 63)

Tom Kite, einer der besten Putter der Welt, demonstriert hier den „Linke-Hand-unten-Puttgriff"

Zur Kontrolle des Putterweges kann man zwei Holzbalken (oder wie hier ein Putting-Track) verwenden

Um festzustellen, ob das Schlägerblatt im Treffmoment verkantet ist, kann man zwei Bälle putten. Dabei muß sich der Sweet Spot des Putters genau hinter dem Punkt befinden, an dem sich beide Bälle berühren, und der Putter muß zu beiden Bällen den gleichen Abstand haben

Um festzustellen, ob Sie ein Slicer oder ein Hooker auf den Grüns sind (Ihr Schlägerblatt im Treffmoment also meist nach rechts oder links verdreht ist), sollten Sie folgenden Test machen: Legen Sie sich zwei Bälle nebeneinander vor Ihren Putter, der zu beiden Bällen den gleichen Abstand haben sollte. Nun machen Sie Ihre ganz normale Puttbewegung für einen etwa fünf Meter langen Putt. Wenn Ihr Putter im Treffmoment genau senkrecht zur Ziellinie gewesen ist, wird er beide Bälle gleichzeitig treffen, und diese werden mit gleicher Geschwindigkeit nebeneinander herrollen. Ist der Schläger im Treffmoment nach links verkantet, so wird er den äußeren Ball zuerst treffen, und dieser wird vorauslaufen und weiter rollen als der innere. Ist er im Treffmoment nach rechts verkantet, so wird er den inneren Ball zuerst treffen, und dieser wird vorauslaufen und zudem auch weiter rollen als der äußere. Je nachdem, wie groß der Abstand zwischen beiden Bällen ist, läßt sich erkennen, wie stark der Putter im Treffmoment verkantet war. Diesen Test sollten Sie, nachdem Sie Ihren Schlag analysiert und Ihre Technik verändert haben, als Übung in Ihr Putt-Training aufnehmen.

Das *Treffen des Balles mit dem Sweet Spot* ist wie bei allen anderen Schlägen auch die Voraussetzung für einen erfolgreichen Putt. Dazu muß man zuerst diesen Punkt auf dem Schläger lokalisieren: Halten Sie den Putter mit zwei Fingern schräg (in der Neigung, in der er sich beim Putten befindet) vor sich, und klopfen Sie dann mit einem Tee die Schlagfläche ab. Die Stelle, an der der Schläger ohne Verdrehung zurückgestoßen wird, ist der Sweet Spot.

Um festzustellen, mit welchem Teil des Putters Sie den Ball treffen, legen Sie je einen Ball im Abstand von einem halben Zentimeter vor die Spitze und hinter die Hacke des Putters. Jetzt wird der Putter entfernt und ein dritter Ball vor den Sweet Spot des Putters gelegt, so daß nun drei Bälle in einer Reihe liegen. Nun versuchen Sie den mittleren Ball, ohne auf ein Loch zu zielen, fünf Meter

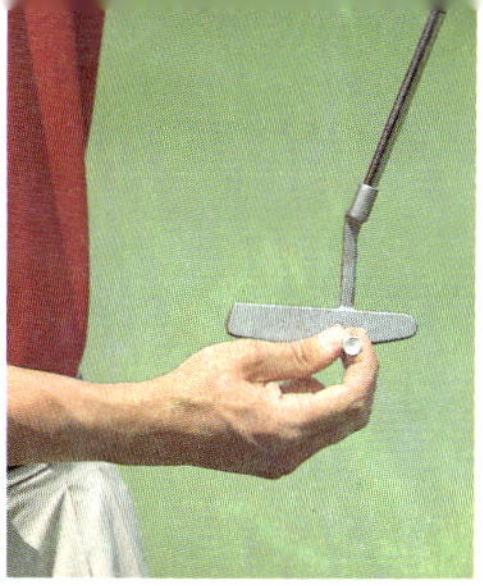

Der Sweet Spot befindet sich an der Stelle, an der sich der Putterkopf beim Abklopfen mit einem Tee nicht verdreht

weit zu putten. Treffen Sie ihn mit dem Sweet Spot, so werden die anderen beiden Bälle nicht berührt. Treffen Sie den mittleren Ball allerdings mit der Hacke, so werden Sie auch den Ball, der vor der Spitze des Putters liegt, treffen. Sie erhalten hierdurch sofort ein verläßliches Feedback (gleiches gilt natürlich für das Treffen an der Spitze, wenn der Ball hinter der Hacke des Putters mit bewegt wurde). Sie sollten auch diesen Test vorerst mit Ihrer normalen Puttbewegung durchführen und nicht versuchen, mit Korrekturen auf das Ergebnis zu reagieren. Sie werden in den meisten Fällen eine deutliche Tendenz in eine Richtung feststellen. Es ist sehr selten, daß Golfspieler den Ball abwechselnd mit der Spitze und der Hacke des Schlägers treffen. Auch dieser Test wird zur Übung, sobald die Haupttendenz festgestellt und die Technik verbessert wurde.

Um sich das mühsame und etwas ungenaue Plazieren der drei Bälle zu ersparen, kann der Golfer auch ein kleines Hilfsmittel benutzen. Dieser sogenannte „Sweet Spot-Putt-Trainer“, den es in drei Schwierigkeitsstufen gibt, wird mit doppelseitigem Klebeband vor den Sweet Spot des Putters geklebt. Wird der Ball mit dem Sweet Spot getroffen, rollt er ungehindert geradeaus. Wird er dagegen mit der Hacke des Putters getroffen, wird er stark nach rechts abgelenkt. Hatte er mit der Spitze des Putters Kontakt, läuft er stark nach links.

Bevor Sie zum nächsten Abschnitt übergehen, sollten Sie wissen, auf welcher Bahn sich Ihr Putter während des Schwunges befindet, ob er sich während des Ausholens oder im Durchschwung verdreht, ob und in welche Richtung der Schläger im Treffmoment verdreht ist und ob und wo Sie den Sweet Spot verfehlen.

Um festzustellen, wo der Ball getroffen wird, werden drei Bälle in eine Reihe gelegt und der Mittlere geputtet

Um sich das Üben mit drei Bällen zu ersparen, kann ein Sweet Spot-Putt-Trainer verwendet werden

Wird der Ball bei der Verwendung des Sweet Spot-Putt-Trainers mit der Spitze/Hacke des Putters getroffen, so wird er nach links/rechts abgelenkt

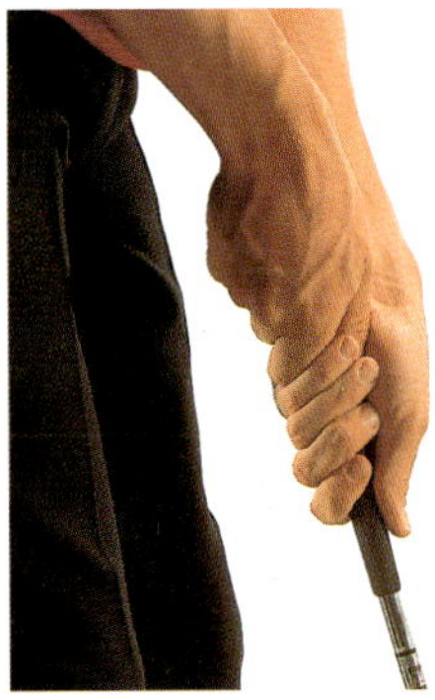

Der Putt-Griff aus seitlicher Perspektive

Technik

Erwarten Sie nicht, daß sich die Quote Ihrer erfolgreichen Treffmomenttests sprungartig verbessert, nur weil Sie die nachfolgend beschriebenen Techniken anwenden. Dies ist immer noch zum größten Teil eine Frage der Übung.

Ich habe in meinem Unterricht festgestellt, daß mit einer fehlerhaften Grundtechnik gewisse Grenzen einfach nicht überschritten werden können.

Golfspieler, die ihre Grundtechnik optimiert haben, haben nach einer kurzen Gewöhnungs- und Übungsphase schnell wieder ihre alten Quoten bei den Treffmomenttests erreicht und diese anschließend weiter verbessert.

Da der Ball bei einem Putt nicht weit, aber überaus genau rollen muß, sollen die Handgelenke völlig passiv bleiben (bei langen Schlägen sorgt das Abwinkeln der Hände für eine hohe Schlägerkopfgeschwindigkeit). Dies erreicht man am besten mit einem Griff, bei dem sich die linke Hand unterhalb der rechten befindet und alle Finger am Schlägergriff anliegen. Da sich die Hände wegen des großen Lies weiter seitlich am Puttergriff befinden, liegen beide Daumen auf der Schlägervorderseite und zeigen in Richtung Putterkopf.

In den USA hat man bei einem groß angelegten Test herausgefunden, daß man mit diesem, für die meisten Golfspieler sehr ungewöhnlichen Griff am effektivsten putten kann.

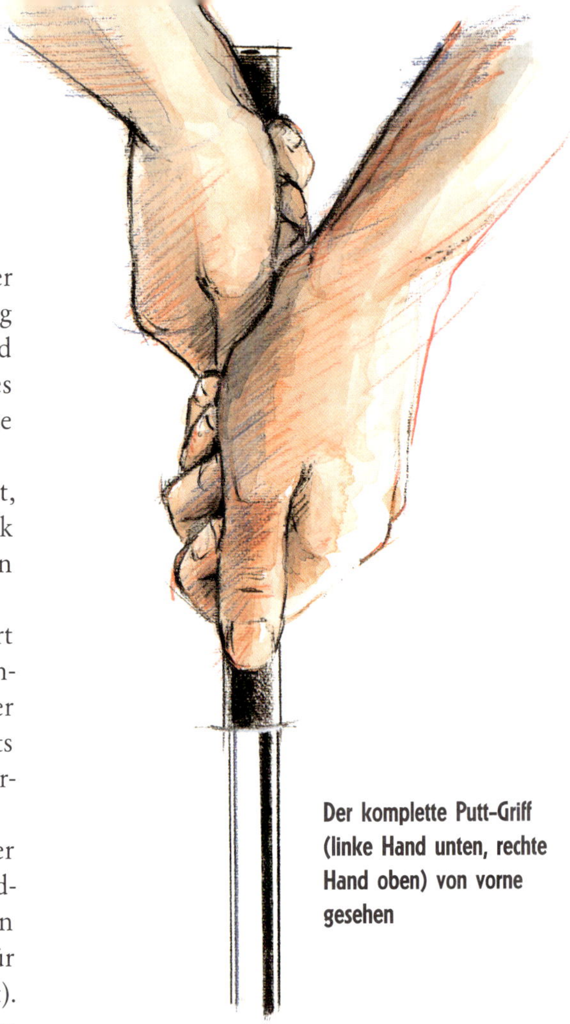

Der komplette Putt-Griff (linke Hand unten, rechte Hand oben) von vorne gesehen

Der Griff hat drei entscheidende Vorteile:

1. Es hat sich gezeigt, daß bei diesem Griff der Einsatz der rechten Hand keine Beugung der linken Hand zur Folge hat, wie das beim konventionellen Griff (rechte Hand unten) der Fall ist.
2. Der Schläger bewegt sich bei diesem Griff fast zwangsläufig auf einer Geraden und wird sich viel weniger verdrehen.
3. Der Spieler kann sich bei diesem Griff viel leichter eine Pendelbewegung vorstellen und ausführen, da der linke Arm zusammen mit dem Putterschaft – bedingt durch die Ballage unter dem linken Auge – viel eher einem Pendel entspricht.

Probieren Sie diesen Griff aus, Sie können sicher sein, daß Sie schon nach verhältnismäßig kurzer Übungszeit Ihre Quoten bei den Treffmoment-Übungen und Ihre Putt-Erfolge beim Spiel auf dem Platz deutlich steigern werden.

Um festzustellen, ob sich die Augen über der Ziellinie befinden, kann der Golfer einen Ball unter seinem linken Auge fallen lassen. Der Körper soll dabei parallel zur Ziellinie ausgerichtet sein, die Hände befinden sich senkrecht unter den Schultern

Die Puttbewegung aus der lateralen Perspektive: Der Putter bewegt sich ohne Verdrehung auf einer Geraden vor und zurück. Die Schultern drehen sich nicht, sondern kippen wie ein pendelnder Kleiderbügel auf einer Stange

Putter werden, was den Lie betrifft, unter anderem deshalb so aufrecht gebaut, damit man so dicht am Ball stehen kann, daß sich die Augen senkrecht über der Ziellinie befinden. Das Zielen wird damit erheblich vereinfacht. Der Kopf wird, im Gegensatz zu den langen Schlägen, nur in einer Dimension gedreht, um das Ziel anzuvisieren. Man sollte dies nutzen und darauf achten, daß sich das linke Auge senkrecht über dem Ball befindet, weil dort der tiefste Punkt des Schwunges ist und der Ball dadurch weder in der Auf- noch in der Abwärtsbewegung des Putters getroffen wird. Ob Ihre *Haltung* stimmt, können Sie überprüfen, indem Sie in der fertigen Haltung einen Ball unter Ihrem linken Auge fallen lassen. Landet der Ball genau auf dem zu spielenden Ball, so befindet sich das linke Auge über der Ziellinie.

Sie sollten, um das Zielen zu vereinfachen, Ihren Körper möglichst parallel zur Ziellinie ausrichten. Sie können sich hierzu einen Gleiskörper vorstellen, bei dem die rechte Schiene die Ziellinie darstellt, auf der sich Ball und Loch befinden, und die linke Schiene die Linie, nach der sich der Körper (Unterarme, Schultern, Hüften und Füße) richtet.

Häufig kann man beobachten, daß Golfer den Körper auf das Ziel ausrichten. Das ist falsch. Führt man so einen geraden Putt durch, wird der Ball rechts vom Loch landen. Bei einer korrekten Ausrichtung verläuft die Verbindungslinie der Fußspitzen genauso weit links vom Loch, wie der Golfer vom Ball entfernt steht.

In bezug auf das Zielen wurde in den vorausgegangenen Erläuterungen davon ausgegangen, daß der Putt gerade, das heißt ohne Break (das Grün fällt vom Golfer aus gesehen auf der Puttlinie links oder rechts seitlich ab) verläuft. Dies wird beim Spiel jedoch nur sehr selten der Fall sein. Man muß sich die Ziellinie dann als Verlängerung der Startrichtung des Balles vorstellen.

Wie schon bei der Besprechung des Putterweges erwähnt, ist es von entscheidender Bedeutung, daß sich die Hände, von der Seite gesehen, in der richtigen Haltung unter den Schultern befinden müssen. Wenn die Arme senkrecht herunterhängen, ist die Voraussetzung dafür geschaffen, daß der Schläger gerade und ohne jede Verdrehung zurück und nach vorne schwingt.

Weitere Punkte, die Sie auf den Abbildungen zur Putt-Haltung erkennen können: Der Schläger muß mit seiner ganzen Sohle auf dem Boden liegen, da der Loft (circa 4°) sonst dafür sorgt, daß der Ball nach links startet, wenn die Spitze des Putters sich in der Luft befindet, und nach rechts, wenn die Hacke nicht auf dem Boden aufliegt.

Die Füße werden senkrecht zur Ziellinie ausgerichtet, da hier – anders als bei den langen Schlägen, bei denen die Füße leicht auswärts gedreht werden – die untere Körperpartie während des Schlages ruhig bleiben soll.
Noch ein Wort zur Ballage: Um zu verstehen, welchen Einfluß die Ballage auf das Ergebnis des Schlages hat, muß man wissen, was nach dem Treffmoment mit dem Ball passiert. Er wird nicht sofort rollen, sondern zuerst über das Gras rutschen, weil er im Treffmoment nur eine Kraft in Richtung Ziel erfährt. Durch die Reibung des Grases wird die Unterseite des Balles in der Rutschphase abgebremst, und der Ball wird sich ab jetzt vorwärts drehen. Sobald die Vorwärtsdrehung der Rollgeschwindigkeit entspricht, rutscht der Ball nicht mehr, sondern rollt von hier an bis zum Ende.
Da sich weder das Treffen des Balles in der Auf- oder Abwärtsbewegung des Schlägers merklich auf die Rutschstrecke des Balles auswirkt und das saubere Treffen hierdurch erheblich erschwert wird, muß der Ball am tiefsten Punkt des Schwungbogens plaziert werden. Dieser Punkt liegt in den meisten Fällen unter dem linken Auge.
Da der Ball beim Putten weder hoch fliegen noch sehr weit rollen muß, ist beim *Schwung* keine Bewegung des Körpers und der Handgelenke erforderlich. Im Gegenteil: da größte Präzision gefordert ist, sollten so wenige Körperteile wie möglich beim Putten beteiligt sein. Um den Putter vor und zurück zu bewegen, muß mit den Schultern lediglich eine Kippbewegung ausgeführt werden. Das bedeutet, daß sie nur auf und ab, statt wie bei den langen Schlägen vor und zurück bewegt werden. Stellen Sie sich einfach vor, daß Ihr Schultergürtel einem Kleiderbügel entspricht, der an einer Kleiderstange hin- und herpendelt, wobei sich aber weder der Kopf noch die untere Körperhälfte bewegen sollen, damit jede Gewichtsverlagerung ausgeschlossen ist.

Die Puttbewegung aus der frontalen Perspektive: Weder der Kopf noch die Handgelenke noch der Unterkörper bewegt sich während des Schlages. Der Durchschwungweg ist doppelt so lang wie die Ausholbewegung

Diese Schulterbewegung wird, wie schon bei den Erklärungen zum Schlägerweg erwähnt, dazu führen, daß sich die Hände und damit auch der Putterkopf exakt parallel zur Ziellinie bewegen. Eine kreisförmige Bewegung, bei der sich das Schlägerblatt des Putters öffnen und schließen würde, ist hier nicht richtig. Um eine Verdrehung des Schlägerkopfes zu vermeiden und das Dosieren nicht unnötig zu erschweren, sollen die Handgelenke im Verlauf des Schwunges völlig passiv bleiben.

Um schneller das Gefühl dafür zu bekommen, welcher Weg der Ball bei einer bestimmten Ausholbewegung zurücklegt, ist es entscheidend, daß der Schläger den Ball in der Beschleunigungsphase trifft und nicht abrupt abgebremst wird. Warum das so ist, kann man beispielsweise gut bei einem Bocciaspieler erkennen: Nach dem Loslassen der Kugel wird er seine Hand nicht sofort abstoppen, sondern weiter ausschwingen lassen, wobei die Länge des Durchschwunges immer größer ist als die Länge der Ausholbewegung.

Beim Putten wird der Putter, ohne sich zu verdrehen, auf einer geraden Bahn geschwungen. Das Verhältnis zwischen Ausholen und Durchschwung ist ungefähr 2:3

Auf eine Formel gebracht heißt das: Das Verhältnis zwischen Ausholen und Durchschwung sollte etwa 2:3 sein.

Interessanterweise hat man bei Analysen der Spitzenspieler festgestellt, daß die Schwungdauer (Zeit vom Beginn des Ausholens bis zum Treffmoment) – unabhängig von der Puttlänge – bei jedem einzelnen Spieler immer gleich war und bei knapp einer Sekunde lag. Dies bedeutet, daß man bei kurzen Putts relativ langsam ausholt und durchschwingt und daß sich der Schläger bei langen Putts erheblich schneller bewegt. Um diesen Aspekt zu üben, kann der fortgeschrittene Golfer ein Metronom verwenden. Der Spieler, der sich gerade erst mit dem Putten auseinanderzusetzen beginnt, sollte jedoch mit den Treffmomenttests und dem Erlernen der richtigen Technik beginnen.

Mit besser werdender Technik beim Putten, wird das Lesen der Grüns immer wichtiger. Die Pros nehmen sich hierfür sehr viel Zeit. Diese Fähigkeit sollte auch auf dem Übungsgrün trainiert werden

Putt-Training

Empirische Untersuchungen haben bewiesen, daß das normale Training (Putten mehrerer Bälle von Loch zu Loch auf dem Putting-Grün) zwar denen etwas bringt, die noch sehr wenig Gefühl für die Dosierung haben, fortgeschrittenen Golfspielern aber nicht zu einer Leistungssteigerung verhilft. Deshalb sollte sich das richtige Training so gestalten:

- 50 Prozent der Übungszeit sollte für die drei Treffmomentübungen verwendet werden. Golfer, die gerade erst mit diesem System beginnen, sollten die ersten fünf Stunden ausschließlich den Übungen widmen.
- 30 Prozent der Zeit sollte dem „Sicherheitszonenspiel" (wird weiter unten erklärt) gehören.
- Die restlichen 20 Prozent der Zeit sollten mit dem Trainieren der langen Putts verbracht werden.

Bei den Erläuterungen der maximal möglichen Einlochquote haben wir festgestellt, daß ein großer Teil der Bälle aufgrund der Vulkankegelform des Loches nicht eingelocht wird. Damit der Ball diese Erhebung möglichst ohne Richtungsveränderung überwindet, muß er am Loch eine bestimmte Geschwindigkeit besitzen; ein Ball, der das Loch nur mit der letzten Umdrehung erreicht, wird nur selten hineinfallen. Der

Ball hat dann die richtige Geschwindigkeit, wenn er, vorausgesetzt er trifft das Loch nicht, maximal 43 Zentimeter hinter das Loch rollt (siehe hierzu Seite 101). Dieser Faktor ist von großer Bedeutung, denn wenn der Ball eine geringere Geschwindigkeit hat, sinkt die Erfolgsquote beträchtlich.
Dies wird beim *Sicherheitszonenspiel* berücksichtigt: Man wählt sich ein Loch in einer Entfernung zwischen einem und fünf Metern aus und versucht, den Ball einzulochen. Dabei sind pro Loch, mit Ausnahme des letzten (hier gibt es keine Begrenzung der Schlagzahl), jeweils maximal 5 Schläge erlaubt. Verfehlt der Ball das Loch, so kommt es darauf an, wo er liegenbleibt. Ist er nicht weiter als eine Putterlänge (2 mal 43 cm) in einem Halbkreis hinter dem Loch liegengeblieben, so darf er gespielt werden, wie er liegt. Liegt er entweder vor dem Loch oder mehr als eine Putterlänge dahinter oder seitlich davon (also nicht in der Sicherheitszone), so muß er um eine Putterlänge weiter vom Loch entfernt zurückgelegt werden. Ab dem dritten Schlag wird der Ball grundsätzlich um eine Schlägerlänge zurückgelegt. Für fortgeschrittene Golfer bietet sich das „doppelte Sicherheitszonenspiel" an. Hierbei wird der Ball, wenn er die Sicherheitszone erreicht, eine Schlägerlänge zurückgelegt und jeweils zwei Schlägerlängen, wenn er nicht in der Sicherheitszone endete oder mit dem zweiten Versuch nicht eingelocht wurde.
Um *lange Putts* zu üben, sollten Sie folgendes Spiel machen: Putten Sie jeweils drei Bälle aus 10, 18 und 14 Metern, und versuchen Sie, die Bälle innerhalb von 1, 1,8 und 1,4 Meter zum Liegen zu

Das „Sicherheitszonenspiel" macht, vorausgesetzt man befindet sich auf einem entsprechenden Niveau, viel Spaß und wird im Gegensatz zu einem Zählwettspiel auf dem Putting-Grün schnell den schlecht puttenden vom gut puttenden Spieler trennen

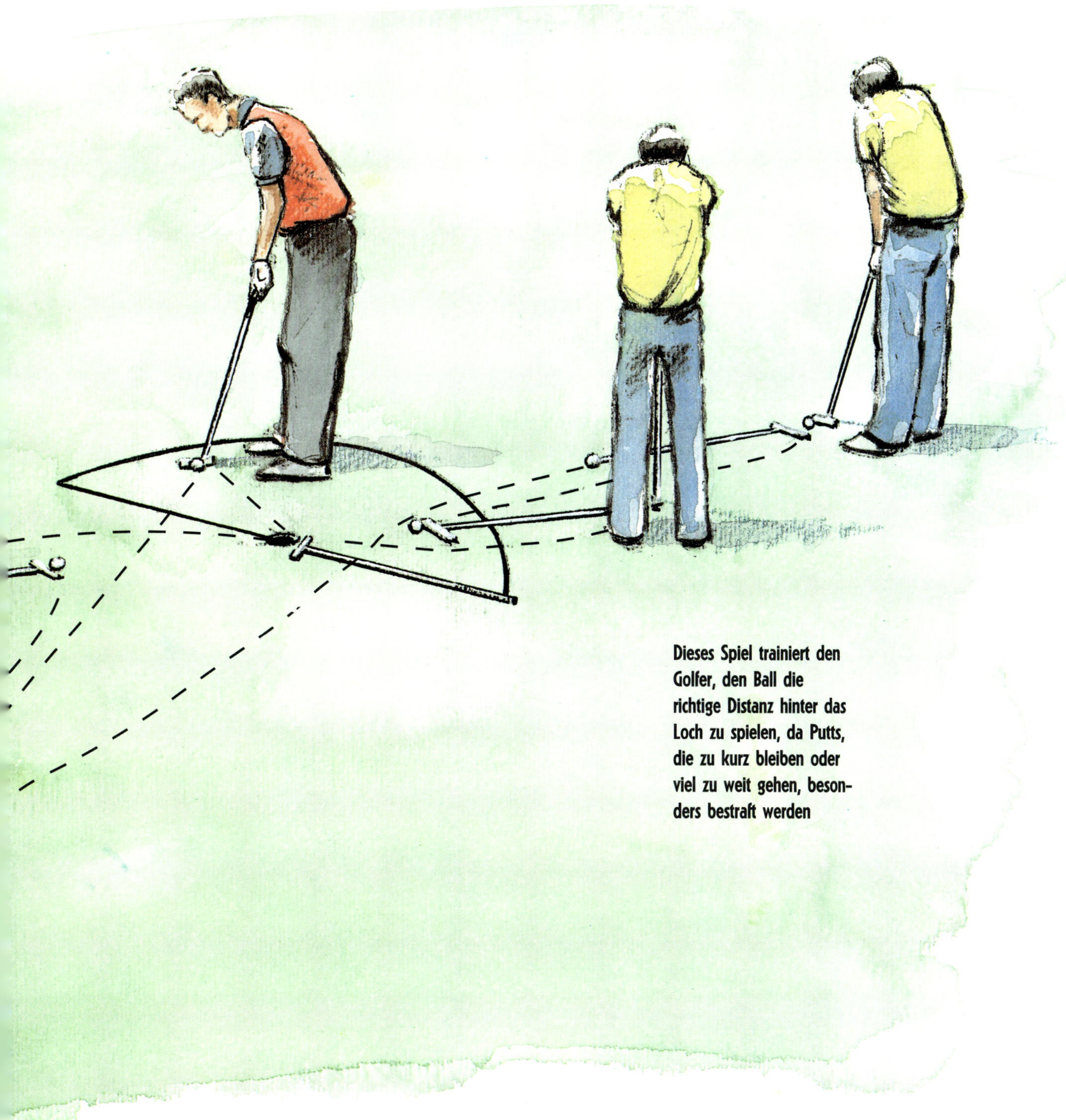

Dieses Spiel trainiert den Golfer, den Ball die richtige Distanz hinter das Loch zu spielen, da Putts, die zu kurz bleiben oder viel zu weit gehen, besonders bestraft werden

bringen. Wiederholen Sie diese Sequenz zwei weitere Male, bis Sie insgesamt 27 Putts gemacht haben. Das Spiel ist beendet, sobald Sie zum Schluß noch einmal drei Putts aus 18 Metern gemacht haben, die wieder innerhalb 1,8 Meter liegenbleiben müssen. Gelingen die insgesamt 30 Putts nicht, üben Sie, bis 15 Minuten vergangen sind.
Ein Grund, warum das Putten mit drei Bällen auf ein Loch allein nicht viel hilft ist, daß hierbei das „Lesen" nicht geübt wird. Es ist überhaupt interessant, wie selten man Golfer auf dem Putting-Grün sieht, die dort das Lesen des Grüns üben. Für das Lesen gibt es leider keinen Trick, um nie wieder Probleme mit dem Erkennen der richtigen Linie zu haben; das ist einzig und allein eine Sache der Erfahrung, die man nur bekommt, wenn man ständig übt. Wer allerdings erst auf dem Platz anfängt, sich die Linie aus allen Richtungen und Perspektiven anzuschauen, muß sich über geringe Erfolge nicht wundern. Nachdem Sie die Puttlinie aus der Perspektive hinter dem Ball ermittelt haben, sollten Sie sich danach richten, gleichgültig wie Ihnen der Putt dann aus der Perspektive über dem Ball kurz vor dem Schlag erscheint.
Ein kleiner Trick, um den Vulkankegeln beim Üben aus dem Weg zu gehen, kann auf dem Putting-Grün (wo die Löcher meist erheblich seltener umgesteckt werden und deshalb meist stark erhöht sind) angewendet werden: Stecken Sie sich auf einer wenig benutzten Stelle mit vier Tees ein eigenes Loch ab, und versuchen Sie, den Ball durch die vier Tees zu putten. Zusätzlich kann man im Abstand von 43 Zentimetern ein weiteres Tee plazieren und somit auch bei den „gelochten" Putts sehen, ob sie die optimale Geschwindigkeit hatten.
Ich hoffe, daß Ihnen im Verlauf dieses Kapitels klar geworden ist, daß die Fähigkeit, gut zu putten nicht angeboren ist, sondern systematisch erarbeitet werden kann. Geben Sie auch nicht gleich auf, wenn Sie nach intensi-

Um beim Putten auf dem Putting-Grün „echte" Löcher zu haben, kann man sich sein Loch mit Tees selber machen

vem Üben dennoch einmal eine Runde spielen, in der wirklich kein einziger Putt fällt. Sie wissen ja nun, daß der Ball trotz perfektem Lesen des Grüns und Ausführen des Schlages immer noch weit am Loch vorbei gehen kann. Aber wenn Sie Geduld haben, wird sich das korrekte Schlagen auf lange Sicht auch in besseren Puttquoten widerspiegeln.
Machen Sie aber auch nicht den Fehler nach einer Runde, in der einfach jeder Putt fiel, zu glauben, Sie könnten es jetzt. Wahrscheinlich sind nur die erhöhten Löcher gnädig zu Ihnen gewesen.

Bei der Auswahl des Putterkopfes sollte hauptsächlich darauf geachtet werden, daß sich das Gewicht an der Hacke und der Spitze konzentriert „Heel-Toe-Weighting"...

PUTTEN

- Beim Putten gibt es kein verläßliches Feedback, da der Ball ohne Verschulden des Spielers das Loch weit verfehlen kann (z. B. durch unrunde Bälle, Unregelmäßigkeiten des Grases, Fußabdrücke, erhöhte Löcher etc.). Darüber hinaus kann man anhand des Ballverlaufs keine Rückschlüsse auf den Treffmoment ziehen, da verschiedene Fehler gleiche Auswirkungen haben können.
- Um ein verläßliches Feedback zu erhalten, sollten die drei entscheidenden Treffmomentfaktoren (Putterweg, Schlägerblattausrichtung im Treffmoment und Treffen mit dem Sweet Spot) getrennt geübt werden.
- Beim Griff wird die linke Hand unter die rechte an den Schläger gelegt.
- In der richtigen Haltung ist der Körper parallel zum Ziel ausgerichtet, das linke Auge befindet sich über dem Ball und die Arme hängen senkrecht unter den Schultern.
- Beim Schwung pendeln die Schultern derart, daß sich der Schläger über der Ziellinie bewegt. Beine und Kopf bleiben dabei völlig ruhig. Der Schläger wird durch den Ball hindurch beschleunigt.

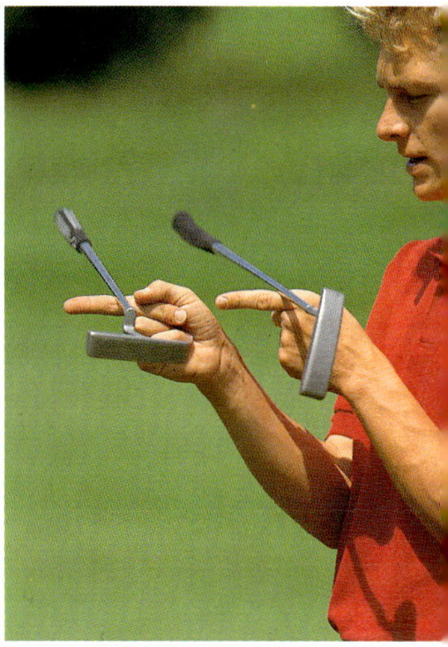

...und daß der Schläger so ausbalanciert ist, daß sich die Schlagfläche parallel zum Boden befindet, wenn der Putter auf dem Finger ausbalanciert wird „Face-Balanced"

Chippen

Der Chip ist ein flacher Annäherungsschlag für Entfernungen zwischen 10 und 60 Metern. Er wird meist angewandt, wenn sich zwischen Fahne und Ball kein Hindernis befindet. Der Ball fliegt bei diesem Schlag sehr flach und sollte nach dem Aufkommen einen großen Teil des Weges rollen. Die Technik dieses Spezialschlages ist einfacher als die Pitches (hoher Annäherungsschlag); er ist zudem sicherer, weil man von vornherein mit einer flachen Flugkurve rechnet und so auch bei einem mißglückten (getoppten) Versuch die Entfernung in etwa stimmen wird. Toppt man hingegen einen Pitch, wird der Ball meist weit über das Ziel hinausgehen, da man bei der Dosierung von einer hohen Flugkurve ausgeht.
Der Chip sollte jedoch nicht angewendet werden, wenn der Ball auf dem Fairway landen müßte, damit er (wenn zum Beispiel die Fahne sehr weit vorne auf dem Grün steht) nicht über die Fahne hinausrollt. Man kann also nicht grundsätzlich sagen, daß der Chip für kurze Annäherungen und der Pitch für längere Annäherungen geeignet ist. Es hängt von der jeweiligen Situation ab. Wenn die Fahne ganz hinten auf einem 30 Meter tiefen Grün steht und der Ball 20 Meter vor dem Grün liegt, so bietet sich ein 50-Meter-Chip an.
Haben Sie allerdings situationsbedingt die Wahl zwischen Chip und Pitch, so sollten Sie sich für den Chip entscheiden.
Grundsätzlich gibt es zwei Chipvarianten. Für sehr kurze Entfernungen bietet sich der Putt-Chip an, für längere (ab 15 Meter) der Standard-Chip.

Beim Chippen kommt der normale Griff zur Anwendung. Die Hände rutschen jedoch etwas am Griff nach unten. Der Ball wird leicht rechts von der Mitte des Standes plaziert. Bei der Bewegung werden hauptsächlich die Arme und Schultern eingesetzt; Körper und Handgelenke bleiben passiv

Das Eisen 9 wird beim Ansetzen etwas steiler auf den Boden gestellt als es der Lie erfordert. Genau auf dieser Ebene schwingt der Schläger zurück und durch den Ball hindurch nach unten. Durch diese steilere Ebene erscheint der Schläger beim Ausholen im Vergleich zu den vollen Schlägen etwas geschlossener (nach links verdreht)

Standard-Chip

Im Gegensatz zum Pitch, bei dem der Sand-Wedge verwendet wird, soll der Ball beim Chippen eine flache Flugkurve bekommen. Dazu muß ein *Schläger* mit wenig Schlagflächenneigung genommen werden. Meist wird hierzu ein Eisen 7 empfohlen. Dieses ist jedoch schon ziemlich lang und hat einen sehr flachen Lie, so daß der Golfer sehr weit vom Ball entfernt stehen muß. Ein Eisen 9 hat diese Nachteile nicht und kann, was die Schlagflächenneigung betrifft, durch eine spezielle Ansprechposition, bei der der Ball weit rechts liegt und sich die Hände vor dem Ball befinden, praktisch zu einem Eisen 7 gemacht werden.

Ich halte es für problematisch, wenn man beim Chip je nach Entfernung und Situation ständig die Schläger wechselt. Außer bei extrem langen Chips, bei denen man das Eisen 7 verwenden kann, sollte man beim Eisen 9 bleiben, da sich das Gefühl für die Entfernung (der wichtigste Faktor bei einem Chip) so am schnellsten einstellt.

Verwenden Sie bei diesem Schlag Ihren normalen *Griff*. Lassen Sie jedoch die Hände etwas den Griff herunterrutschen, da der Schläger für kurze Schläge so noch handlicher wird.

Da die Körperbewegung bei diesem Schlag nur eine untergeordnete Rolle spielt und hier nicht die Schlaglänge, sondern die Schlagpräzision entscheidend ist, unterscheiden sich im Vergleich zu den langen Schlägen *Haltung und Stand* in folgenden Punkten:

- Um den Abstand zum Ball möglichst gering zu halten (hierdurch wird die Schlagpräzision und das Zielen erleichtert), wird der Schläger etwas aufrechter auf den Boden gestellt, als dies sein Lie erfordert. Die Hacke des Schlägers wird hierdurch leicht in der Luft schweben.

• Der Stand ist enger, da hier durch die geringe Körperbewegung keine große Standfestigkeit erforderlich ist.
• Der linke Fuß kann etwas zurückgenommen werden, damit das linke Bein beim Durchschwung nicht im Wege ist. Der Schultergürtel sollte aber trotzdem parallel zur Ziellinie ausgerichtet bleiben.
• Die Hände befinden sich vom Ziel aus gesehen vor dem Ball, der eine Ballbreite rechts von der Mitte des Standes liegt. Mit den Händen wird der ganze Oberkörper leicht nach links verschoben, so daß sich das Gewicht zu 70 Prozent auf dem linken Fuß befindet.

Damit die Handgelenke während des Schwunges – insbesondere beim Abschwung – passiv bleiben, kann der Golfer einen zweiten Schläger so greifen, daß dieser den ersten verlängert. Setzt der Golfer die Handgelenke nun so ein, daß der Schlägerkopf die Hände vor dem Treffmoment überholt, so schlägt ihm der verlängerte Schaft in die linke Seite

Beim *Schwung* dominieren während der Ausholbewegung Arme und Schultern, wobei die Handgelenke, außer bei sehr langen Chips, passiv bleiben, und das Gewicht auf dem linken Fuß. Wie bei den langen Schlägen schwingt der Schläger genau auf seiner Ebene zurück. Da diese nun etwas steiler ist, erscheint das Schlägerblatt etwas geschlossener, und die Schultern bewegen sich mehr kippend als drehend. Die Bewegung ist verwandt mit der des Puttens.

Wie bei den langen Schlägen muß sich der Schläger im Treffmoment nach unten bewegen. Dies geschieht hier, da die Handgelenke kaum zum Einsatz kommen, natürlich in einem etwas geringeren Maße, so daß auch kein Divot nach dem Ball herausgeschlagen wird. Man sollte keinesfalls versuchen, dem Ball mit einer löffelnden Bewegung in die Luft zu helfen. Bei einem korrekten Chip trifft der Schläger zuerst den Ball und bürstet anschließend das Gras. Dies erreicht man, indem man seine Hände im Treffmoment, genau wie beim Ansetzen, wieder vor den Ball bringt. In der Endstellung muß der Schläger von vorne gesehen mit dem linken Arm eine Linie bilden.

Wie bei allen Schlägen des kurzen Spiels soll, um die Dosierung zu vereinfachen, der Schläger den Ball in der Beschleunigungsphase treffen: Dies erreicht man, indem man den Durchschwung länger ausführt als die Ausholbewegung. Da die Technik dieses Schlages verhältnismäßig einfach ist, sollte man nach dem Erlernen des Grundprinzips die Ziele beim Training ständig variieren, um so möglichst schnell ein Gefühl für die Dosierung zu bekommen.

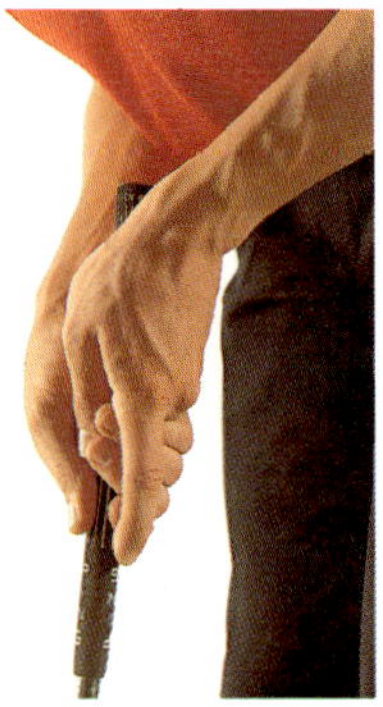

Der Reverse-Overlap-Griff ermöglicht es, das Eisen 8 beim Putt-Chip genauso steil wie einen Putter aufzusetzen

Der Ball liegt beim Putt-Chip in der Mitte des Standes, und die Hände befinden sich leicht vor dem Ball. Die Bewegung gleicht der beim Putten: Der Schläger wird nur durch eine kippende Bewegung der Schultern bewegt; Handgelenke und Körper bleiben dabei völlig passiv

Putt-Chip

Ist das Ziel weniger als 15 Meter entfernt, so kommt der Putt-Chip zur Anwendung. Der Putt-Chip ist eine Kombination aus Standard-Chip und Puttbewegung. Der Grund für diese Annäherungstechnik liegt in der Schwierigkeit, sehr kurze Chips mit dem Standard-Chip auszuführen. Da die Handgelenke durch den normalen Griff beim Standard-Chip automatisch ganz leicht ins Spiel kommen, wird der Schläger häufig eine Geschwindigkeit erhalten, die für eine sehr kurze Entfernung schon zu hoch sein kann. Beim Putt-Chip werden die Handgelenke deshalb überhaupt nicht eingesetzt.

Dieser kurze Schlag kommt immer dann in Frage, wenn der Ball von der Entfernung her auch geputtet werden könnte, sich aber zwischen Ball und Grünrand zu hohes Gras befindet, um den Ball verläßlich hindurchrollen zu lassen.

Da der Ball hier etwas flacher fliegen soll als beim Standard-Chip, ist ein Eisen 8 optimal. Bei der Dosierung orientiert man sich an einem Putt aus der gleichen Entfernung.

Da das Eisen 8 bei diesem Schlag genauso steil aufgesetzt wird wie ein Putter, muß der Schläger die Hände in einem flacheren Winkel kreuzen. Hierzu wird der Reserve-Overlap-Griff angewendet (dieser Griff wurde bis jetzt meist beim Putten verwendet). Der Schläger verläuft bei diesem *Griff* zwischen Hand- und Daumenballen der linken Hand. Der linke Handrücken zeigt in diesem Fall genau in Richtung Ziel. Der linke Daumen kommt exakt auf der Schlägervorderseite zur Ruhe und zeigt in Richtung des Schlägerkopfes. Der linke Zeigefinger wird vorerst noch abgespreizt und erst nach dem Greifen der rechten Hand über deren Finger gelegt. Der Kleinfingerballen der rechten Hand kommt dabei auf den letzten drei Fingern der linken Hand zur Ruhe. Der rechte Daumen wird ebenso auf die Vorderseite des Schlägergriffes gelegt und zeigt zum Schlägerkopf. Der Handrücken der rechten Hand

zeigt nun genau in die dem Ziel entgegengesetzte Richtung. Nun kann der Zeigefinger der linken Hand über die Finger der rechten Hand gelegt werden. Er verläuft fast parallel zum Schlägerschaft und verhindert somit, daß das linke Handgelenk in der Vorwärtsbewegung dorsal gebeugt wird.

Haltung und Stand sind beim Putt-Chip nicht anders als beim Putten: Die Augen befinden sich über der Ziellinie; der Ball liegt in der Mitte des Standes, so daß sich die Hände leicht vor dem Ball befinden, und der Körper wird parallel zur Ziellinie ausgerichtet.

Der *Schwung* entspricht ebenfalls dem beim Putten. Die Schultern werden nicht gedreht, sondern gekippt, wodurch der Schläger während des ganzen Schlages ohne jede Verdrehung über der Ziellinie bleibt. Körper und Handgelenke bleiben völlig passiv. Auch hier muß der Schläger – um das Dosieren zu vereinfachen – durch den Ball hindurch weiter beschleunigen.

CHIPPEN

- Der Schläger (Eisen 9) wird beim Chippen kürzer gegriffen und etwas steiler auf den Boden gestellt.
- Der Ball wird leicht rechts von der Mitte des engen, leicht offenen Standes plaziert, so daß sich die Hände vor dem Ball befinden.
- Beim Ausholen dominieren Arme und Schultern, wobei der Körper und die Handgelenke relativ passiv bleiben.
- Der Schläger bewegt sich durch den Ball hindurch nach unten, so daß er nach dem Treffen des Balles das Gras bürstet.
- Der Durchschwung ist etwas länger als das Ausholen, damit der Schläger den Ball in der Beschleunigungsphase trifft.
- Beim Putt-Chip wird der Schläger mit dem Reserve-Overlap-Griff gegriffen.
- Haltung, Stand und Schwung beim Putt-Chip sind genau wie beim Putten, der Ball befindet sich jedoch in der Mitte des Standes.

Der Schläger wird genauso steil wie ein Putter aufgesetzt und auf einer Geraden ohne Verdrehung vor und zurück geschwungen

Pitchen

Der Pitch ist ein hoher Annäherungsschlag, der aus einer Entfernung von 10 bis 80 Metern zur Fahne angewandt wird. Der Ball soll hoch fliegen und nach dem Aufkommen durch starken Rückwärtsdrall so schnell wie möglich liegenbleiben soll. Man unterscheidet den Standard-Pitch (25 bis 80 Meter) und den kurzen Pitch (10 bis 25 Meter).

Der Pitch unterscheidet sich nur in der Ausholllänge, die auf die jeweilige Entfernung abgestimmt wird, und der Tatsache, daß der Unterkörper dem Oberkörper in der Drehung beim Abschwung nicht so weit vorauseilt, wie bei den langen Schlägen

Standard-Pitch

Der Standard-Pitch ist kein Spezialschlag wie beispielsweise der Chip, sondern nichts anderes als eine kleine Version des vollen Schwunges.

Für diesen Schlag eignet sich der Sand-Wedge (oder spezielle Wedges mit mehr als 56° Loft) am besten. Viele Golfer haben Vorbehalte, diesen *Schläger* auch außerhalb der Bunker einzusetzen. Diese Angst ist aber unbegründet. Da die Hände sich vor dem Ball befinden, wird die für den Sand-Wedge typische Sohlenkonstruktion (mit Bounce) neutralisiert. Der Sand-Wedge hat dem Pitching-Wedge gegen-

über den Vorteil, daß er mehr Loft besitzt, daher den Ball höher steigen läßt und ihm mehr Rückwärtsdrall verleiht. Der Pitching-Wedge sollte erst dann eingesetzt werden, wenn sich das Grün mit dem Sand-Wedge nicht mehr erreichen läßt.

Dieser Schlag ist kein Spezialschlag, da hier fast dieselbe *Technik* wie bei den langen Schlägen angewandt wird. Der Hauptunterschied besteht darin, daß das Ausholen, je nach Entfernung, kürzer ist als bei den langen Schlägen. Griff und Haltung sind die gleichen wie bei den langen Schlägen. Der Stand kann, um die untere Körperpartie für den kurzen Schwung schon etwas aus dem Weg zu bekommen, leicht geöffnet, das heißt, der linke Fuß etwas zurückgenommen werden. Hierbei sollte der Schultergürtel aber unbedingt weiter zum Ziel zeigen. Das Gewicht ist gleichmäßig auf beide Füße verteilt. Der Ball liegt in der Mitte des Standes, und die Hände befinden sich vom Ziel aus gesehen leicht davor.

Da die Körperbewegungen beim Pitchen aufgrund des kurzen Schwunges nicht so wichtig sind, liegt das Hauptaugenmerk auf den Bewegungen der Arme und Hände. Man muß in der Ausholbewegung sicherstellen, daß die Handgelenke genügend abgewinkelt werden und daß eines der beiden Schlägerenden zu jeder Zeit auf die Ziellinie zeigt. Da man bei diesem kurzen Schlag nicht so viel Zeit für Ausgleichsbewegungen hat, haben Golfer, deren Schläger sich während des Schwunges nicht in der richtigen Ebene befindet, hier häufig Probleme. Speziell, wenn der Schläger zu stark nach innen zurückgeführt wird und ebenso stark von innen in den Ball

Beim Pitch muß ein Ende des Schlägers zu jeder Zeit auf die Ziellinie zeigen, da hier keine Zeit für Ausgleichsbewegungen bleibt

eintrifft, führt zu fetten, dünnen, gepushten und socketierten Bällen.
Da bei diesem Schlag keine sehr hohe Schlägerkopfgeschwindigkeit erforderlich ist und der vertikale Eintreffwinkel etwas steiler sein sollte, eilt der Unterkörper dem Oberkörper beim Abschwung, im Gegensatz zu langen Schlägen, nicht so weit voraus.
Beim Pitch ist es überdies unabdingbar, daß sich der Schläger im Treffmoment nach unten bewegt. Dies bedeutet, daß der Schläger als erstes den Ball trifft und danach in den Boden eindringt, um dort ein Divot mitzunehmen. Das Divot ist bei einem vollen Schlag mit einem Wedge aufgrund der aufrechten Schlägerebene und der Ballage tiefer als bei allen anderen Schlägen. Diesen nach unten verlaufenden Schlag kann man nur erreichen, wenn man seine Hände im Treffmoment vom Ziel aus gesehen vor den Ball bringt, und der Schläger von innen nach innen durch den Ball schwingt. Speziell bei diesem Schlag sieht man bei Spielern sehr häufig eine löffelnde Bewegung. Dies rührt daher, daß man bei diesem Schlag meist unbewußt versucht, den Ball hoch in die Luft zu bringen. Dies muß man aber unbedingt vermeiden, da dieser Fehler bei schlechten Ballagen oder unter Druck zu vielen getoppten und fetten Schlägen führen wird. Die Schlagflächenneigung des Sand-Wedges bringt den Ball von alleine hoch genug in die Luft und läßt ihn aufgrund des starken Rückwärtsdralles schnell stoppen.

Beim Pitchen muß der Ball in der Abwärtsbewegung getroffen werden. Dies wird erreicht, indem der Schläger auf der richtigen Bahn durch den Ball schwingt, und sich die Hände im Treffmoment vor dem Ball befinden

Kurzer Pitch

Der kurze Pitch wird aus 10 bis 25 Metern gespielt, wenn die Entfernung zwar für einen Chip sprechen würde, der Ball aber hoch fliegen muß und nicht weit rollen darf. Da der Ball beim Standard-Pitch durch den Einsatz der Handgelenke in den meisten Fällen zu weit fliegt, ist hier eine andere Technik nötig. Die Bewegung des kurzen Pitches gleicht der des Chips. Der Unterschied besteht hauptsächlich in der Schlägerwahl und der Lage des Balles. Das Eisen 9, das beim Chippen verwendet wird, bringt den Ball nicht hoch genug in die Luft. Deshalb wird hier der Sand-Wedge verwendet. Der Ball sollte, im Gegensatz zum Chippen, nicht rechts, sondern in der Mitte des Standes liegen. Durch diese beiden Änderungen wird der Ball höher fliegen als beim Chippen. Wichtig ist, daß die Handgelenke, genau wie beim Chippen, passiv bleiben. Auch hier bewegt sich der Schläger durch den Ball leicht nach unten und wird nach dem Treffen das Gras bürsten.

PITCH

- Der Sand-Wedge ist der ideale Schläger für den Pitch.
- Der Stand kann leicht geöffnet werden, wobei der Schultergürtel weiterhin parallel zur Ziellinie ausgerichtet sein muß.
- Der Unterkörper eilt dem Oberkörper beim Abschwung nicht so weit voraus wie bei den langen Schlägen, so daß der Schläger etwas steiler in den Ball eintrifft.
- Griff, Stand, Haltung und Schwung sind bis auf die Aushollänge und die beiden vorigen Punkte genau wie bei den vollen Schlägen.
- Der kurze Pitch gleicht in der Technik dem Chip, wobei der Ball in der Mitte des Standes liegt.

Bunkerschläge

Der Bunkerschlag ist zu unrecht so gefürchtet. Er ist viel leichter als es erscheint, da der Schwung mit dem des Pitchens identisch ist. Außerdem ist er der einzige Schlag, bei dem der Schläger den Ball nicht treffen muß, da nur der Sand unter dem Ball herausgeschleudert wird und dieser dann den Ball mitnimmt. Der Bunkerschlag ist im Gegensatz zu den anderen Annäherungsschlägen ein Schlag, bei dem nicht erst der Ball und dann der Boden getroffen wird. Der Ball, der bei dieser sonst üblichen Schlagweise flach startet und dann im Verlauf des Fluges weiter ansteigt, ist im Bunker meist nicht zu gebrauchen, da er hier wegen der Bunkerkante direkt in die Höhe gehen muß. Zusätzlich wäre im Bunker der Spielraum für Fehler bei einem nach unten verlaufenden Schlag zu gering. Dies liegt daran, daß der Schläger, wenn er nur etwas zu früh in den Sand kommt, sehr stark abgebremst wird. Dies ist bei Schlägen vom Gras anders: Der Schläger wird hier meist unter dem Ball hindurchrutschen und nur wenig Geschwindigkeit verlieren.

Geht der Golfer allerdings gleich davon aus, den Boden vor dem Ball zu treffen, so wird die Dosierung einfacher, und der Ball wird sehr hoch starten, somit auch höhere Bunkerkanten überwinden und nach dem Aufkommen nicht mehr weit rollen.

Häufig versuchen Spieler den Schlag zu umgehen, indem sie aus Bunkern chippen oder putten. Dies mag wohl im Einzelfall erfolgreich sein, wird aber in den meisten Fällen nicht gut gehen, denn bei weichem Sand oder bei einer hohen Bunkerkante kann der Explosionsschlag (so wird der Bunkerschlag aus Entfernungen bis 50 Metern genannt, da der Sand wie bei einer Explosion in die Luft geschleudert wird) nicht umgangen werden.

Im Bunker gibt es natürlich unzählige Situationen. Ich werde mich im folgenden auf drei beschränken: den Standard-Bunkerschlag aus Grünbunkern bis zu 30 Metern, den langen Explosionsschlag aus Bunkern bis zu 50 Metern Entfernung zur Fahne und den Schlag aus eingebohrten Lagen.

Beim Bunkerschlag trifft der Sand-Wedge nicht den Ball, sondern schlägt eine Sandscheibe unter dem Ball heraus. Deshalb kommt der Schläger auch vor dem Ball aus dem Sand heraus

Wilson

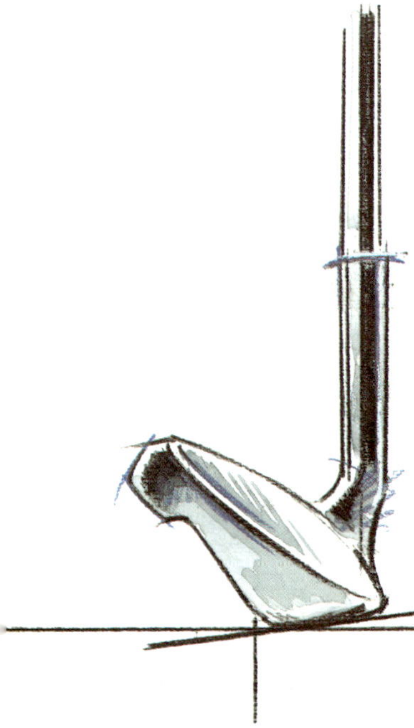

Beim Sand-Wedge befindet sich die vordere Kante über der hinteren Kante der Sohle. Hierdurch wird der Schläger besser durch den Sand rutschen statt sich einzugraben

Standard-Bunkerschlag

In den meisten Fällen liegt der Ball im Bunker gut spielbar. Wenn dies der Fall ist und die Fahne nicht weiter als 30 Meter entfernt ist, kommt der Standard-Bunkerschlag zur Anwendung.

Um erfolgreiche Bunkerschläge ausführen zu können, ist ein Sand-Wedge unverzichtbar. Dieser *Schläger* hat eine speziell für den Explosionsschlag konzipierte Sohlenkonstruktion. Bei senkrecht zum Boden aufgestelltem Schaft ist die Sohle nicht wie bei anderen Schlägern parallel zum Boden, sondern zeigt circa 7–11° in die Luft. Dieser Winkel nennt sich „Bounce". Die vordere Kante ist somit weiter vom Boden entfernt als die hintere. Dies sorgt dafür, daß der Schläger, der vor dem Ball in den Boden eindringt, sich nicht zu tief eingräbt. Das Prinzip ist ähnlich wie bei einem flachen Stein, der, wenn er in einem flachen (spitzen) Eintreffwinkel ins Wasser geworfen wird, nicht eintaucht, sondern sofort wieder hochspringt.

Der Golfer muß insgesamt drei Veränderungen zur *Technik* des Standard-Pitches vornehmen:

1. Um den Schwung nicht verändern zu müssen, wird der Ball weiter nach links gelegt als bei einem Pitch. So kann der Schläger schon vor dem Ball in den Sand eindringen und eine flache Sandscheibe unter dem Ball herausschlagen.

2. Das Schlägerblatt wird im Bunker mindestens 20° aufgedreht (nach rechts verkantet), damit der Schläger nicht zu tief in den Sand eindringt. Das Blatt wird vor dem Greifen nach rechts ausgerichtet, so daß das Verhältnis der Hände zum Körper genau dasselbe ist wie bei den langen Schlägen. Bei einem

Beim Bunkerschlag wird der Ball gegenüber der Mitte des linken Fußes plaziert, damit der Schläger vor dem Ball in den Sand eindringt. Das Schlägerblatt wird vor dem Greifen circa 20° aufgedreht. Hierdurch kommt die vordere Kante noch höher als die hintere Kante der Schlägersohle, was den Schläger noch . .

Der Körper wird beim Bunkerschlag nur ganz leicht links vom Ziel ausgerichtet, da das offene Schlägerblatt durch die Sandscheibe, das Schließen des Schlägers im Sand . . .

Schlag vom Fairway würde der Ball durch das verkantete Schlägerblatt weit rechts vom Ziel landen. Im Bunker trifft dies nur im geringen Maße zu, da der Schläger keinen Kontakt mit dem Ball hat und die Sandscheibe, die der Schläger vor sich herschiebt, die Verdrehung weitgehend neutralisiert. Zusätzlich wird sich der Sand-Wedge im Sand auch wieder leicht schließen, da die Hacke des Schlägers durch ihr Vorauseilen stärker abgebremst wird als die Spitze. Der Golfer muß sich also nicht – wie häufig beschrieben – im selben Maße links vom Ziel ausrichten, wie sein Schläger rechts vom Ziel ausgerichtet ist. Das richtige Ausrichten ist von so vielen Faktoren abhängig, daß es in der Praxis durch Ausprobieren ermittelt werden sollte. Im allgemeinen liegt es zwischen 5 und 10° links vom Ziel.

3. Die Ausholbewegung muß beim Bunkerschlag länger sein als bei einem Schlag vom Fairway aus derselben Entfernung, da der Schläger im Sand erheblich an Geschwindigkeit verliert. Die häufig vorhandene Angst, bei einem nur kurz entfernten Ziel einen vollen Schwung auszuführen, muß überwunden werden, auch wenn anfangs aufgrund einer fehlerhaften Technik einige Bälle weit über das Ziel hinausschießen.

Der Schwung entspricht genau dem des Standard-Pitches. Der Golfer sollte nicht versuchen, den Schläger durch Manipulation unter den Ball zu bekommen. Der Schläger wird schon durch die Ballage circa 5 cm vor dem Ball in den Boden eindringen und ein etwa 15 cm langes und 3 cm tiefes Divot herausschlagen. Zwischen Ball und Schläger befindet sich also immer Sand, der den Ball dann nach vorne und oben drückt. Der Schläger wird im Treffmoment durch die große zu verdrängende Sandmenge erheblich stärker abgebremst als bei allen anderen Schlägen. Man muß sich daher insbesondere um ein korrektes Durchschwingen bemühen.

Die Entfernung wird wie bei allen anderen Schlägen durch die Länge des Ausholens reguliert.

...besser durch den Sand rutschen und den Ball höher starten läßt. Auch beim Bunkerschlag ist der Durchschwung länger als die Ausholbewegung

...und die Ballage links von der Mitte des Standes fast vollständig neutralisiert wird. Der Schwung gleicht dem des Pitches. Durch das Herausschlagen des Sandes unter dem Ball muß er jedoch entsprechend voller sein als beim Pitch aus gleicher Entfernung

BUNKERSCHLÄGE

- Der Ball liegt gegenüber der Mitte des linken Fußes.
- Das Schlägerblatt des Sand-Wedges wird vor dem Greifen 20° aufgedreht.
- Die Ausholbewegung ist bei gleichen Entfernungen länger als beim Pitch.
- Bei eingebohrten Lagen wird der Ball leicht rechts von der Mitte des Standes plaziert und das Schlägerblatt leicht zugedreht.
- Bei langen Bunkerschlägen (bis zu 50 Metern) wird mit einem Eisen 9 – 7 der Standard-Bunkerschlag angewendet.

Bei eingebohrten Lagen wird das Schlägerblatt gerade bis leicht geschlossen angesetzt damit der Schläger tiefer in den Sand eindringt. Der Ball wird dann jedoch flacher starten und weiter rollen als bei normalen Bunkerschlägen

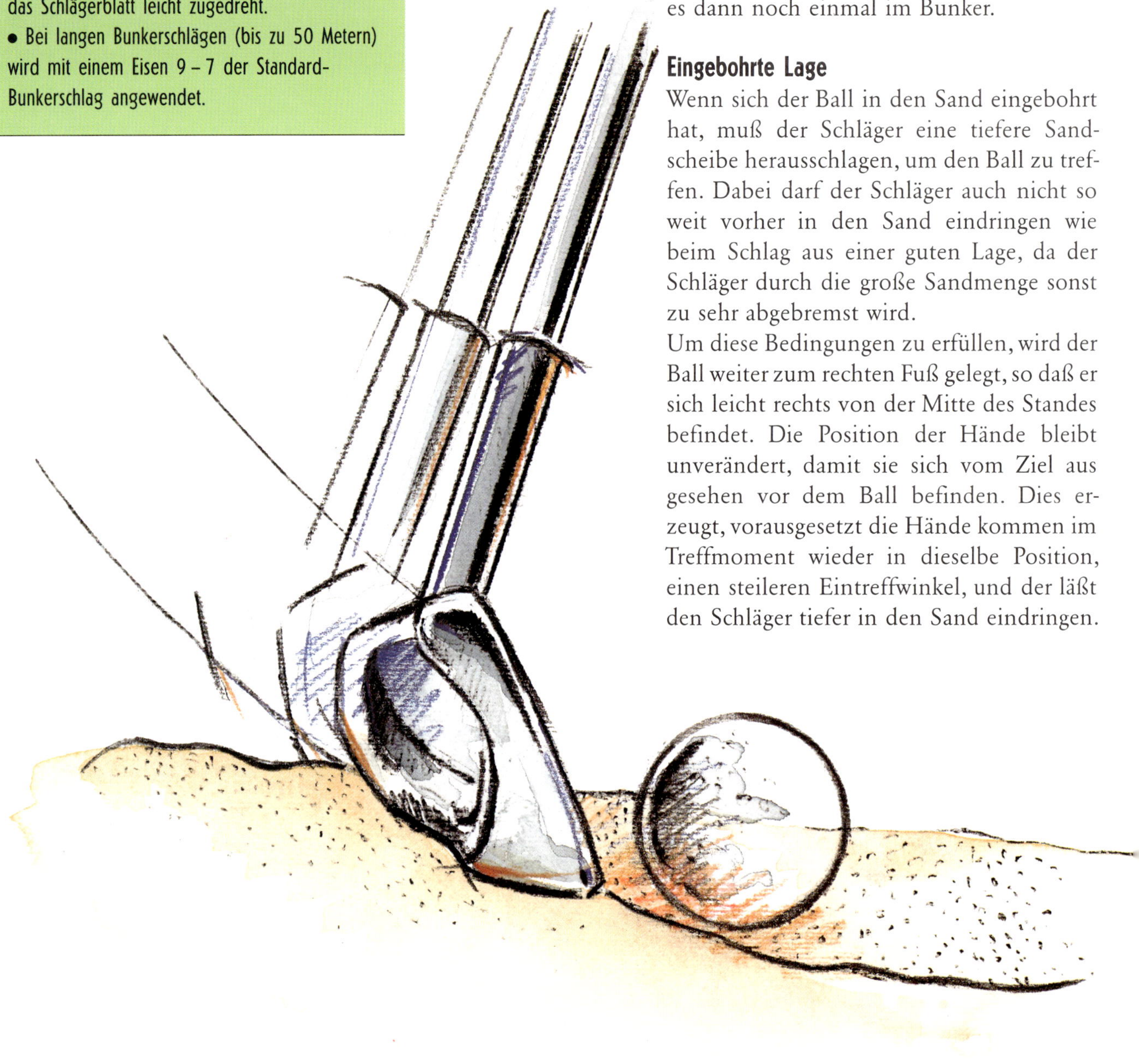

Wenn Ihnen der Bunkerschlag trotz konsequenter Anwendung der beschriebenen Technik Probleme bereitet, so werden Sie meist schon beim Pitchen eine fehlerhafte Technik haben. Beim Annähern vom Gras kann es jedoch sein, daß die Fehler unbemerkt bleiben, da die gute Lage auf dem Gras mehr verzeiht als die eines Balles im Bunker. Verbessern Sie in diesem Fall als erstes Ihre Pitch-Technik, und versuchen Sie es dann noch einmal im Bunker.

Eingebohrte Lage

Wenn sich der Ball in den Sand eingebohrt hat, muß der Schläger eine tiefere Sandscheibe herausschlagen, um den Ball zu treffen. Dabei darf der Schläger auch nicht so weit vorher in den Sand eindringen wie beim Schlag aus einer guten Lage, da der Schläger durch die große Sandmenge sonst zu sehr abgebremst wird.
Um diese Bedingungen zu erfüllen, wird der Ball weiter zum rechten Fuß gelegt, so daß er sich leicht rechts von der Mitte des Standes befindet. Die Position der Hände bleibt unverändert, damit sie sich vom Ziel aus gesehen vor dem Ball befinden. Dies erzeugt, vorausgesetzt die Hände kommen im Treffmoment wieder in dieselbe Position, einen steileren Eintreffwinkel, und der läßt den Schläger tiefer in den Sand eindringen.

Das Schlägerblatt wird gerade angesetzt und kann bei extrem eingebohrten Bällen sogar leicht geschlossen (nach links verdreht) werden, um die vordere Kante des Schlägers unter die hintere zu bringen, was ebenso dafür sorgt, daß der Schläger sich tiefer eingräbt. Die Ausrichtung ist hier wegen des gerade angesetzten Schlägerblattes parallel zur Ziellinie.
Das Ausholen muß wegen der großen zu verdrängenden Sandmenge im Verhältnis zur Entfernung noch länger sein als bei einem Schlag aus einer guten Lage.
Ferner ist zu beachten, daß der Ball im Vergleich zum Standard-Bunkerschlag bei dieser Technik erheblich flacher starten und nach dem Aufkommen weiter rollen wird.

Langer Explosionsschlag

Der lange Explosionsschlag wird aus Bunkern angewendet, die zwischen 30 und 50 Meter von der Fahne entfernt sind. Hier kann nicht der Standard-Bunkerschlag zur Anwendung kommen, weil die Entfernung für einen Explosionsschlag mit dem Sand-Wedge zu groß ist. Ein Standard-Pitch ist ebensowenig geeignet, da der Schläger nicht einen Millimeter vor dem Ball in die Erde kommen dürfte (was bei einem halben Schlag immer wieder passieren kann), weil der Ball sonst viel zu kurz bliebe.
Sie sollten sich die Tatsache zunutze machen, daß diese Bunker in den meisten Fällen nur sehr niedrige Kanten haben. Der Ball kann demnach sehr flach starten, so daß sich ein Explosionsschlag mit einem längeren Schläger (je nach Entfernung zwischen Eisen 9 und 7) anbietet. Die Schlagtechnik ist hierbei mit der des Standard-Bunkerschlages identisch. Der Ball wird jedoch durch den anderen Schläger flacher und weiter fliegen. Dieser Schlag sollte aber stets vor der Anwendung auf dem Platz geübt werden, um ein Gefühl für die Entfernung und den dafür nötigen Schläger zu bekommen.

Der Ball sollte leicht rechts von der Mitte des Standes plaziert werden. Hierdurch dringt der Schläger nicht so weit vor dem Ball in den Sand ein

Der am Rande der Rocky Mountains gelegene Golfclub Kananakis (indianischer Name) ist ein typisch kanadischer Golfplatz mit vielen natürlichen Wasserhindernissen, Wildbächen und Seen, auf dem einem auch schon mal ein Bär oder Elch begegnen kann

ANHANG

Funktionelles Aufwärmen

Ein sinnvolles, funktionsgerechtes Aufwärmen ist für Golfspieler genauso wichtig wie für alle anderen Sportler. Leider sind Golfer, die sich auf diese Weise auf das Training oder das Spiel sinnvoll vorbereiten, die absolute Ausnahme. Bezeichnenderweise muten die wenigsten ihrem Auto nach dem Kaltstart hohe Drehzahlen zu, sondern warten damit, bis der Motor die erforderliche Betriebstemperatur erreicht hat. Bei ihrem eigenen Körper haben sie aber keinerlei Skrupel, unmittelbar nach Ankunft auf der Range Vollgas zu geben.

Die wenigen, die sich überhaupt aufwärmen oder dehnen, machen dies meist auch noch falsch, indem sie traditionelle, das heißt vor allem rückenschädigende Übungen wie Bekkenkreisen, Rumpfvorbeugen, Streckungen ins Hohlkreuz u.ä. anwenden. Oft wird dann auch noch überzogen federnd gedehnt, wobei Bänder und Sehnen überlastet werden.

Das richtige Aufwärmen dient nicht nur der Prävention von Verletzungen (Zerrungen, Muskelfaserrissen, Blockierungen von Wirbelgelenken etc.), sondern auch der Erhöhung der Gelenkmobilität und der Verbesserung der gesamten Körperkoordination.

Das richtige Aufwärmen besteht aus drei Phasen:

Am Anfang stehen Ganzkörperbewegungen zur Anregung des Herz-Kreislauf-Systems. Hierzu eignen sich Laufübungen auf der Stelle, Armbewegungen sowie Körper- und Armstreckungen.

Übung 1: Machen Sie leichte, ständig fortlaufende Bewegungen Ihres Kopfes. Neigen Sie den Kopf nach rechts, links und nach vorne, aber nicht nach hinten

Übung 2: Führen Sie Ihre Schultern leicht – ohne übermäßigen Krafteinsatz – nach hinten und vorne

Übung 3: Ziehen Sie Ihren rechten oder linken Arm vor Ihrem Körper nach links oder rechts

Danach folgen Mobilisations- und Dehnübungen. Achten Sie darauf, daß Sie mit leichten Dehnungsreizen beginnen und die Dehnungen mit zunehmender Dauer geringfügig steigern.
Schließen Sie Ihr Aufwärmprogramm mit golfspezifischen Übungen (Probeschwünge) ab. Am besten eignen sich Schwünge mit geschlossenem Stand (Füße unmittelbar nebeneinander), Baseballschwünge (Schlägerkopf etwa hüfthoch) und seitenverkehrte Schwünge (Rechtshänder wie Linkshänder und umgekehrt).
Sie werden schnell feststellen, daß die ersten Schläge viel erfolgreicher werden, wenn der Körper aufgewärmt ist und die Muskeln gedehnt sind. Nehmen Sie sich für das folgende Programm also mindestens 10 bis 15 Minuten Zeit.

Übung 4: Legen Sie eine Hand hinter Ihren Kopf zwischen die Schulterblätter, greifen Sie mit der anderen Hand den Ellenbogen, und ziehen Sie diesen vorsichtig steigernd hinter Ihren Kopf. Mit beiden Armen im Wechsel durchführen

Übung 5: Greifen Sie Ihre Hände und nehmen Sie die Arme senkrecht gestreckt über den Kopf. Beugen Sie nun leicht Ihre geschlossenen Beine, und neigen Sie im Wechsel Ihren Oberkörper nach links und rechts. Wichtig hierbei: kein Hohlkreuz!

Übung 6: Drehen Sie Ihren Oberkörper im Wechsel nach rechts und links, und drehen Sie Ihre Hüfte jeweils in die Gegenrichtung

Übung 7: Heben Sie im Stand Ihren Körper in den sogenannten „Hochzehenstand", und senken sie ihn sofort wieder

Übung 8: Greifen Sie im Stand den linken oder rechten Fußrist, und ziehen Sie ihn zum Gesäß. Dabei sollen beide Oberschenkel parallel nebeneinander sein, das Standbein vollständig gestreckt. Wichtig: Kein Hohlkreuz!

Übung 9: Ausfallschritt nach vorne. Legen Sie hierbei Ihren Oberkörper gestreckt auf den vorderen Oberschenkel, und lassen Sie das hintere Bein ganz gestreckt. Nun das vordere Knie langsam nach vorne bewegen. Beide Seiten im Wechsel

Übung 10: Ausfallschritt zur Seite. Die Fußspitze und das Knie des gebeugten Beines zeigen leicht nach außen, der Fuß des gebeugten sowie des gestreckten Beines bleiben stets am Boden. Langsam – nicht mit Gewalt – tiefer gehen, dabei Rücken gerade halten

Bibliographie

Deutschsprachige Literatur

Balk, A.: Fit durch gezielte Gymnastik. Niedernhausen 1991

Ballingall, P.: Golf lernen: leicht – schnell – gründlich. Bielefeld 1993

Ballreich, R./Kuhlow, A. (Hrsg.): Biomechanik der Sportspiele. Teil 1: Einzel- und Doppelspiele. Stuttgart 1992

Bradley, J./Kölbing, A.: Richtig Golf – Technik, Taktik, Psyche. München – Wien – Zürich 1992

Graas, A./Wiesenhofer, H.: Golf ohne Handicap. Wien 1991

Hay, A.: Golf Handbuch. Reinbek bei Hamburg 1990

Heuler, O.: Golf-Technik mit System. Villingen-Schwenningen 1991

Hüpper, G.: Handbuch des Golfspiels. Königswinter 1988

Jacobs, J./Aultman, D.: Golf ohne Fehler – Diagnose, Erläuterung und Therapie. Hamburg 1981

Jacobs, J./Bowden, K.: Golf-Praxis. Hamburg 1985

Jessop, J. C.: Golf – Ausrüstung und Technik. Niedernhausen 1991

Leadbetter, D.: Alles über Schlag und Schwung. Hamburg 1991

Letzelter, H./Letzelter, M.: Leistungsdiagnostik im Golf. Ahrensburg 1992

Meinel, J./Schnabel, K.: Bewegungslehre – Sportmotorik. Berlin 1987

Nicklaus, J.: Der Schwung. Hamburg 1986

Nicklaus, J.: Das Buch der 1000 Tips. Hamburg 1981

Runyan, P.: Das kurze Spiel – Ihr Weg zum Erfolg. Starnberg 1979

Saunders, V.: Das Golf Handbuch. Hamburg o.J.

Watson, T.: Das kurze Spiel. Hamburg 1986

Englischsprachige Literatur

Ballard, J.: How to perfect Golfswing. Trumbull 1981

Cochran, A./Stobbs, J.: The Search for the Perfect Swing. London 1968

Faldo, N.: The Winning Formula. London 1989

Hebron, M.: See and Feel the Inside Move the Outside. Smithtown NY 1984

Heborn, M.: The Art an Zen of Learning Golf. Smithtown 1984

Hogan, B.: Modern Fundamentals of Golf. Trumbull 1957

Jacobs, J.: John Jacobs analyses Golf Superstars. London 1974

Kelley, H.: The Golfing Machine. Seattle 1969

Maltby, R.: Golf Club Design, Fitting, Alteration and Repair. Newark 1982

McLean, J.: Golf Digest's Book of Drills. Trumbull 1990

Pelz, D.: Putt like the Pros. Austin 1988

Pelz, D.: The Pelz Report 1988 – 1992. Austin 1988 – 1992

Pollard, T.: Golf – Fit for the Game. GB-Bungay 1991

Stanley, L. T.: Swing to better Golf. London 1957

Wiren, G.: The PGA-Teaching Manual. Palm Beach 1990

Glossar

Abschwung: Der Teil des Schwunges vom Ende der Ausholbewegung bis zum Treffmoment
Annäherung: Kurzer Schlag zum Grün mit reduziertem Schwung
Ansprechposition: Position des Golfers nach dem Einnehmen des Standes und dem Aufsetzen des Schlägers
Bounce: Die Leading-Edge ist bei sich senkrecht zum Boden befindlichen Schaft weiter vom Boden entfernt als die → Trailing-Edge
Buldge: Horizontale Schlagflächenwölbung bei Hölzern
Chip: Flacher Annäherungsschlag
Divot: Vom Schläger herausgeschlagenes Rasenstück
Dorsalflexion: Beugung des Handgelenks in Richtung des Handrückens
Dünne Schläge: Ein Schlag wird als „dünn" bezeichnet, wenn der Schläger den Ball zu weit oben, jedoch noch unterhalb des „Äquators" getroffen hat. Dieser Schlag fliegt flacher als ein gut getroffener Ball und hat weniger Rückwärtsdrall
Durchschwung: Der Teil des Schwunges vom Treffmoment bis zur Endstellung
Ebene: Beim Golfschwung gibt es unzählige Ebenen. Die gebräuchlichsten sind:
1. Schlägerebene (definiert durch den → Lie des Schlägers)
2. Armebene (die Schräge des linken Armes aus der seitlichen Perspektive)
3. Schulterebene (Schräge, gebildet aus linker und rechter Schulteroberseite, während des Schwunges aus der seitlichen Perspektive gesehen)
Ebenen werden im Golf als flach bezeichnet, wenn sie eher horizontal ausgerichtet sind, und als steil, wenn ihre Ausrichtung im Raum eher vertikal ist
Eintreffwinkel *(des Schlägers in den Ball):* Winkel zwischen der Ziellinie und der horizontalen Komponente des Schlägerweges kurz vor dem Treffmoment (nur aus der seitlichen Perspektive zu erkennen). Im Idealfall schwingt der Schläger von innen nach innen (die Stärke ist abhängig vom gewählten Schläger: bei kurzen Schlägern weniger; bei längeren mehr). Die beiden möglichen Abweichungen sind 1. eine Schwungkurve von außen nach innen und 2. eine Schwungkurve von innen nach außen (=horizontaler Eintreffwinkel).
Winkel zwischen dem Boden und der vertikalen Komponente des Schlägerweges kurz vor dem Treffmoment (nur aus der frontalen Perspektive zu erkennen). Im Idealfall schwingt der Schläger bei Schlägen mit Eisen von oben nach unten durch den Ball; bei Hölzern parallel zum Boden und bei Schlägen mit Hölzern vom Tee leicht von unten nach oben (= vertikaler Eintreffwinkel)
Explosionsschlag: Bunkerschlag, bei dem absichtlich vor dem Ball in den Boden geschlagen wird, damit ein Sandpolster unter dem Ball herausgeschlagen wird, was den Ball hoch aus dem Grünbunker fliegen läßt. Bei diesem Schlag fliegt viel Sand mit aus dem Bunker – wie bei einer Explosion
Fette Schläge: Ein Schlag wird als „fett" bezeichnet, wenn der Schläger vor dem Ballkontakt in den Boden eingedrungen ist. Hierdurch wird dieser Schlag erheblich an Fluglänge verlieren
Hook: Flugkurve des Balles, bei der der Ball zum Ziel startet und dann nach links abdreht
Iron Byron: Roboter, der den Golfschwung simuliert, benannt nach dem Golf-Professional Byron Nelson. Inzwischen haben fast alle Firmen, die Golfschläger und Bälle herstellen, solche Geräte
Kippen: Eine kippende Schulterbewegung ist eine Drehung der Schultern in einer zu steilen Ebene (linke Schulter zu tief; rechte Schulter zu hoch)
Leading-Edge: Vordere untere Kante des Schlägerkopfes

Lie: Winkel zwischen Schlägerschaft und -sohle
Loft: Winkel zwischen Schlagflächentangente und der Senkrechten zum Boden
Oberer Totpunkt: Umschaltpunkt zwischen Auf- und Abwärtsbewegung (in der Physik/ Mechanik). Höchster Punkt der Ausholbewegung (bcim Golf)
Pitch: Hoher Annäherungsschlag
Pre-Shot-Routine: Routine vor dem Schlag (Greifen, Zielen, Ausrichten, Waggeln etc.), die möglichst immer gleich abläuft
Pronation: Drehbewegung, Rotation der Unterarme zur Daumenseite
Pull: Flugkurve des Balles, bei der der Ball nach links startet und gerade fliegt
Push: Flugkurve des Balles, bei der der Ball nach rechts startet und gerade fliegt
Radialflexion: Abwinkeln der Handgelenke in Richtung der Daumenseite
Release-Punkt: Punkt im → Abschwung, an dem sich der Winkel zwischen linkem Unterarm und Schläger wieder zu vergrößern beginnt
Reverse C.: Fehlerhafte Endstellung des Golfers beim Golfschwung, bei der der Rükken einem umgedrehten C gleicht und somit ein Hohlkreuz erzeugt
Reverse Pivot: Fehlerhafte Körperbewegung während des Golfschwunges, bei der sich das Gewicht beim Ausholen und beim Durchschwung jeweils auf der falschen Seite befindet
Rückwärtsdrall *(engl. Backspin):* Drehung des Balles um die eigene Achse entgegen der Flugrichtung (jeder Ball, der fliegt, hat Rückwärtsdrall; andernfalls würde er sofort abstürzen). Man redet nicht erst dann von Backspin, wenn der Ball nach dem Landen zurückläuft. In diesem Fall war der Backspin dann besonders groß. Der Rückwärtsdrall entsteht durch die mit Loft versehenen Schläger
Schläger *flach:* Kopfende des Schlägerschaftes zeigt auf einen Punkt innerhalb der Ziellinie oder Griffende zeigt auf einen Punkt außerhalb der Ziellinie (bei sich parallel zum Boden befindlichen Schaft: Griffende zeigt rechts vom Ziel oder Kopfende links vom Ziel)
Schläger *steil:* Kopfende des Schlägerschaftes zeigt auf einen Punkt außerhalb der Ziellinie oder das Griffende zeigt auf einen Punkt innerhalb der Ziellinie (bei parallel zum Boden befindlichen Schaft: Griffende zeigt links vom Ziel oder Kopfende rechts vom Ziel)
Schläger *offen:* vom Griffende aus gesehen im Uhrzeigersinn verdreht
Schläger *geschlossen:* vom Griffende aus gesehen gegen den Uhrzeigersinn verdreht
Die Begriffe flach und steil beziehen sich auf den Schlägerschaft während des Schwunges. Die Begriffe „offen“ und „geschlossen“ beziehen sich auf das Schlägerblatt. Die Begriffe offen und geschlossen sind etwas verwirrend, da ein offener Stand eine Ausrichtung links vom Ziel bezeichnet und ein offenes Schlägerblatt für einen nach rechts verdrehten Schläger steht
Slice: Flugkurve des Balles, bei der der Ball zum Ziel startet und dann nach rechts abdreht
Supination: Rotation der Unterarme zur Kleinfingerseite
Trailing-Edge: Hintere untere Kante des Schlägerkopfes
Ulnarflexion: Abwinkeln der Handgelenke in Richtung der Kleinfingerseite
Volarflexion: Beugung des Handgelenks in Richtung der Handfläche
Vorwärtsbewegung: Bezeichnet den Teil des Schwunges vom Ende der Ausholbewegung bis zur Endstellung (also → Ab- und → Durchschwung)
Wedge: Kurze Schläger mit viel → Loft: Pitching-Wedge 52°, Sand-Wedge 56°, Loft-Wedge 60°
Zentrifugalkraft: Die bei der Rotation eines Massenpunktes durch Trägheit auftretende, vom Zentrum nach außen weisende Kraft

Register

Abschwung 27, 51, 54, 77, 140
- Bewegung 13
Abstand zum Ball 30
Abwinkeln der Handgelenke 16, 18, 43, 48, 78
Achse
- Aushol- 49
- Durchschwung- 49
Anfänger 12
Annäherungsschlag 118
Ansprechposition 43, 47, 51, 88, 140
Aufwärm(en)
- funktionelles 136
- Übungen 136
Ausgleichsbewegung(en) 9, 44, 62, 87, 125
Aushol(en) 18, 39, 43
- beim Putten 104, 112
- beim Standard-Pitch 125
- Bewegung 13, 27, 44, 46 f.
- Bewegung (beim Bunkerschlag) 131
- Bewegung (Länge) 50
- Haltung des linken Armes 51
- höchster Punkt 25, 48
- optimales 50
- überlanges 90
Auslösen 39
Auslöser 39
Ausrichten 38
- beim Bunkerschlag 131
- beim Putten 110
Ausrichtung 80
Ausrüstung 58, 73

Ball
- Abstand zum 39
- Flughöhe 68, 70
- Gefühl 12
- Lage 32, 57, 78
- Lage (beim kurzen Pitch) 127
- Lage (beim Putten) 104, 111
- Startrichtung 68, 80, 82
- unrunder 100
Ballflug 12, 17, 91
- Gesetze 11, 72, 80 ff.
- Probleme 22, 82, 84
Baseball-Schwünge 75
Bewegung(s)
- Ablauf 42
- Ablauf (fehlerhafter) 9
- Gefühl 12
Bounce 130, 140
Break 110
Buldge 67
Bunker 128
Bunkerschlag 128
- Langer 132
- Standard- 128, 130 ff.

Chip 118, 140
- Standard- 118, 119 ff.
Chippen 118, 119
Couples, Fred 52

Dehnübungen 137
Divot 37, 57, 70, 83, 121, 131, 140
Dosierung
- beim Bunkerschlag 128
- beim Putten 102
Draw 83
Drehvermögen 32
Driving-Range 11, 25
Durchschwung 43, 58 ff., 59, 60

Ebene
- Arm 44, 72, 79, 85, 87, 88, 93
- Arm (zu steil) 92
- Schläger 46 f., 52, 61, 72, 87, 93
- Schläger (beim Pitchen) 125
- Schulter 30, 85, 93
Eingebohrte Lage 132
Einlochen 100
Einlochquote 113
Eintreffwinkel 140
- horizontaler 68, 74, 78
- steiler 32
- vertikaler 32, 70, 78
Endposition 59
- beim Putten 104
Endstellung 59
Explosionsschlag 128, 140
- langer 133

Fade 83
Faldo, Nick 8, 10, 11
Feedback
- beim Putten 98, 117
Fehlerkorrektur 12
Fehlschlag 84, 89
Fette Schläge 86
Forward-Press 39
Free-Wheeling 57, 59

Golf
- Arm 17
- Haltung 16
Griff
- Abstimmung auf Ballflug 20
- Baseball- 22
- beim Chippen 119
- beim Putten 102, 108
- beim Standard-Pitch 125
- Fehler 18
- Festigkeit 24 f.
- Funktionen 16 ff.
- Haltung 16 ff.
- im Detail 17
- individuelle Anpassung 22
- Interlocking- 22
- kompletter 22
- linke Hand 17
- neutraler 12, 18, 20, 22
- Overlapping- 20, 22
- rechte Hand 18
- Reverse-Overlap- 122
- unzureichende Festigkeit 66
- vollständiger 22
- während des Schwungs 25
Grundbewegungen 44

Haltung 27 ff.
- Arme, Hände und Schläger 30
- Ausgang 27
- beim Putt-Chip 123
- beim Putten 110
- beim Standard-Pitch 125
- bei vollen Schlägen 30
- des Kopfes 30
- Funktionen 27
- korrekte 28
- optimale 27
Handgelenk
- dorsal gebeugtes 74
- volar gebeugtes 74
High-Speed-Shutter 85
Hohlkreuz 28, 61
Hook 22, 56, 83, 84, 92
Hüftwinkel 28

Inkonstanz 89
Iron Byron 62, 140

Kippbewegung 111
Kite, Tom 105
Kniewinkel 28
Koordination 27, 55
Körperdrehung 43
Körperhaltung 28
Körperschwerpunkt 78
Körperspannung 49
Kurzes Spiel 94 ff.

Lane, Barry 47
Langer, Bernhard 12, 47, 62, 82, 129
Leading-Edge 47, 52
Lesen des Grüns 113, 116
Lie 30, 83, 119, 141
- im Treffmoment 70
- im Treffmoment zu flach 79
- im Treffmoment zu steil 79

Linksdrall 66
Loft 57, 58, 70, 80, 141
Lösen der Arme 44

Mobilisation 137
Muskelspannung 43

Nicklaus, Jack 48
Norman, Greg 48, 113

Pendelbewegung 109
Pitch 118
- kurzer 127
- Standard 124 ff.
Pitchen 124
Pitching-Wedge 124, 125
Platzstrategie 13
Prävention von Verletzungen 136
Prinzip der Übertreibung 63
Probeschwung 39, 44, 90
Pull 55, 68, 82, 86
Pull-Hook 82
Pull-Slice 55, 83
Push 68, 82, 87
Push-Hook 83
Push-Slice 83
Putt
- Bewegung 107, 122
- Chip 17, 118, 122
- Länge 112, 114
- Langer 114
- Linie 100, 110, 116
- Technik 97, 108
- Training 96, 98, 106, 113
Putten 17, 80, 98 ff.
Putter 98
- Kopf 103, 108, 112
- Länge 114
- Schaft 109
- Weg 103, 104, 110, 117
Putting-Grün 113, 116

Radialflexion 16, 72
Rafferty, Ronan 47
Rechtsdrall 66
Reverse C 61, 141
Reverse Pivot 75, 90, 141
Rotation, Unterarme 43, 47, 75
Rückputt 101
Rückwärtsdrall 32, 58, 82, 126
Runde, optimale 10

Sand-Wedge 119, 124, 127, 130
Schieben mit der unteren Körperhälfte 89
Schlag
- fetter 92
- gerader 82
- Länge 32, 68, 80, 93
- Vorbereitung 36 ff.
- Voraussetzungen 14 ff.
Schlagen
- spätes 55, 73
- zu frühes 75
- zu spätes 75, 93
Schläger
- Ebene (beim Abschwung) 55
- Eintreffen von außen 76
- Eintreffen von innen 76
- geschlossen 75
- Griff 18
- offen 75
- Verdrehen im Treffmoment 24
- Weg 70
- zu flaches Eintreffen 78
- zu steiles Eintreffen 78
Schlägerblatt 9, 11, 16, 42, 88
- Ausrichtung 20, 91
- im Treffmoment 44, 55
- offenes 93
- Stellung 20, 74, 80, 84
- Stellung im Treffmoment (beim Putten) 68, 104
- verkantetes 74
Schlägerkopf 9, 16, 104
- Geschwindigkeit 43, 50 f., 80, 88, 91
- Geschwindigkeit beim Abschwung 57
- Geschwindigkeit im Treffmoment 68
- Mitte 88
- Trägheit 55
Schlagfläche(n) 38
- Ausrichtung 68
- Neigung 119
Schulterdrehung 73
Schulterkippen 53, 88
Schwung 9, 43
- Bahn 82
- beim Chippen 121
- beim Putt-Chip 123
- beim Putten 111
- beim Standard-Pitch 125
- Bogen 84
- Dauer 112
- Einleiten 47
- Endstellung 77
- Fehler 90
- Gesamtbewegung 45
- Grundbewegungen 42
- Kurve 77
- Linkshänder 13
- Rechtshänder 13
- Richtung 80, 82 f.
Seitwärtsdrall 16, 80, 82
Shank 87
Sicherheitszonenspiel 113, 114
Slice 55, 56, 73, 83, 84, 92
Socket 87, 93
Spikemarken 98
Stand 27
- beim Chippen 120
- beim Putt-Chip 123
- beim Putten 108
- beim Standard-Pitch 125
- Breite 32, 36
- Festigkeit 32
- Position 38
Sweet Spot 11, 42, 66, 80
- Putt-Trainer 107

Talent 12
Toppen 60, 84, 86, 93
Totpunkt, oberer 52 ff., 76, 90
Tourspieler 10, 11
Treffen
- mit dem Sweet Spot 80
- mit dem Sweet Spot (beim Putten) 102
- mit der Hacke 72, 80
- mit der Hacke (beim Putten) 107
- mit der Spitze 72, 80, 88, 93
- mit der Spitze (beim Putten) 107
Treffmoment 11, 20, 56 ff.
- Abweichungen 91
- Faktoren 66 ff., 88, 91
- Faktoren (Abweichung) 72
- Faktoren (beim Putten) 102
- Phase 61
- Stellung der Schultern 76
- Tests (beim Putten) 108, 112
- Übungen (beim Putten) 113

Ulnarflexion 30, 54, 56, 141
Unterbewußtsein 45
Unterschlagen von Hölzern 86, 93

Video
- Analyse 63
- Aufnahmen 44
- Kamera 10, 85
Vorwärtsbewegung 43, 141

Waggle 38

Zentrifugalkraft 51, 54 f.
Zielen 36
- beim Putten 108
Ziellinie 36, 38, 47, 55, 104, 110
Zwischenziel 37, 39

Zum gleichen Thema sind im FALKEN Verlag bereits erschienen:
Golf (Nr. 343)
Sportregeln Golf (Nr. 1315)
Video: Golf (Nr. 6035)

Der Verlag dankt der Firma
Golf House Direktversand GmbH, Waterloohain 5,
22769 Hamburg
für die ihm freundlicherweise für die Fotoarbeiten zur Verfügung gestellte Golfausstattung.

Die Deutsche Bibliothek – CIP-Einheitsaufnahme

Heuler, Oliver:
Golf: neue Wege zum erfolgreichen Spiel / von Oliver Heuler. –
Niedernhausen/Ts.: FALKEN, 1993
ISBN 3-8068-4509-3

ISBN 3 8068 4509 3

Umschlaggestaltung: Peter Udo Pinzer
Gestaltung: Horst Bachmann
Redaktion: Jürgen Knöppler
Herstellung: Petra Zimmer
Bildquellenverzeichnis: Titelfoto: Bavaria Stock Imagery, Gauting; Rückseite: Atelier G & M Köhler, Leonberg; Innenteil: BONGARTS Sportfotografie GmbH, Hamburg: S. 2/3, Henning Bangen: S. 12; HARDT Sportphoto Int., Hamburg: S. 4/5 gr. F., S. 8, S. 10/11, S. 62, S. 113 o., S. 129; Gisela Kelbert, Idstein: S. 83 o. r., S. 108 u. l., S. 124 o. l., S. 144; William Diesbrook, Neustadt: S. 1, S. 4/5, S. 6/7, S. 14/15, S. 19, S. 40/41, S. 50/51, S. 64/65, S. 70/71, S. 92/93, S. 94/95, S. 96/97, S. 134/135; Atelier G & M Köhler, Leonberg: alle anderen Fotos
Zeichnungen: Kurt Dittrich, Wiesbaden

Satz: Fotosatzstudio Creatype GmbH, Eschborn
Druck: Chemnitzer Verlag und Druck GmbH

817 2635 4453 6271